# UN PHARE DANS LA NUIT

ANDRÉ PIGHIERA

# UN PHARE DANS LA NUIT

## Sauvetage avec Thérèse de Lisieux

*Épiphanie*

LES ÉDITIONS DU CERF
PARIS
2000

*Les Éditions du Cerf*, 2000
(29, boulevard La Tour-Maubourg
75340 Paris Cedex 07)

ISBN 2-204-06536-6
ISSN 0750-1862

*À Jean, mon père.*

*Aux quatre femmes de ma vie dans leur ordre d'arrivée :*

*Catherine, ma mère,*
*Marie, notre Mère,*
*Martine, mon épouse,*
*et Thérèse, ma sœur.*

*À mes enfants :*

*Pour Catherine, ma fille,*
*que mon amour la soutienne dans son combat*
*jusqu'à la victoire.*

*Pour Alice et Hervé,*
*qu'ils gardent précieusement cet héritage*
*pour les jours difficiles.*

*À Monseigneur Guy Gaucher,*
*au Père Denys, franciscain.*

*À toutes les religieuses,*
*à tous les religieux,*

*à toutes celles et tous ceux qui, sur ma route, m'auront montré, par leur témoignage, les traces de Dieu dans ma vie.*

*Et à tous ceux qui cherchent ses traces.*

# PRÉFACE

*Dans le ministère épiscopal qui est le mien à Lisieux depuis 1987, je peux dire que j'en ai vu de toutes les couleurs. « De toutes les couleurs » signifie : de ces histoires « incroyables » de personnes dont la vie a été bouleversée par la rencontre de cette Thérèse Martin devenue sainte Thérèse de l'Enfant-Jésus et de la Sainte-Face qui a fait connaître le nom de Lisieux dans le monde depuis un siècle.*

*Il m'arrive aussi assez souvent de lire sur certains visages, dans tous les milieux, même catholiques, un certain scepticisme – voire un scepticisme certain – devant ce que je peux raconter des merveilles que Dieu fait par la médiation multiforme de Thérèse dans les cinq continents. Mais qu'y puis-je, moi, si des gens sont guéris de divers maux parfois mortels, si d'autres se convertissent subitement ou progressivement au Dieu trinitaire ? Qu'y puis-je, moi, si des gens à travers le monde trouvent en Thérèse une sœur qui les guide, les garde, les conduit à Jésus Sauveur ? Qu'y puis-je si la pérégrination de ses reliques à travers le monde depuis 1994 déplace des foules aussi bien à Moscou qu'à New York, à Buenos Aires qu'à Manille, à Rio de Janeiro qu'à Rome*[1] *?*

*J'aime cette phrase décisive de Bernadette Soubirous répondant au scepticisme de son curé à Lourdes : « Je ne suis pas chargée de vous le faire croire, mais de vous le dire. »*

*Devant un « signe » au sens de l'évangéliste Jean, chacun peut donner sa propre interprétation en toute liberté.*

---

1. Ce phénomène à l'échelle planétaire, unique sans doute dans l'histoire de la sainteté chrétienne, reste ignoré des médias français. L'heure n'est sans doute pas encore venue…

*Le récit d'André Pighiera est un de ces « signes ». André a surgi dans ma vie sous la forme d'une lettre qui témoignait de sa conversion et de celle de son beau-frère sous l'influence du petit livre que j'avais écrit :* Histoire d'une vie, Thérèse Martin *publié en 1982.*

*Dans des cas semblables, le premier réflexe est de se dire : « Je n'ai pas travaillé en vain. » Mais André était fidèle et persévérant. Tous les ans, il m'écrivait pour célébrer l'anniversaire du grand retournement de sa vie, parfois avec l'envoi d'un poème.*

*Puis je le rencontrai, en pèlerinage à Lisieux. Il put alors détailler davantage son itinéraire. J'en rendais grâce à Dieu, appréciant un peu mieux les méandres de la Miséricorde, ses feintes, ses surprises, voire son humour.*

*Mais il a fallu que je lise le témoignage qu'il nous livre en ces pages pour saisir davantage le travail de la grâce dans sa vie. On peut suivre alors le fil d'or qui jamais n'a cassé, même aux pires moments de son existence.*

*Lui aussi – comme Thérèse – a écrit « l'histoire d'une âme », relisant sa vie à la lumière de l'Amour miséricordieux. Il en jaillit une action de grâces pleine de paix et de sérénité.*

*Ce qui ne gâte rien, c'est qu'il a su l'écrire – j'ignorais son attrait pour l'écriture poétique – avec justesse, vérité et avec le recul de celui qui ne brandit pas « sa conversion » comme un trophée. C'est un témoin lucide qui nous parle.*

*Je le reçois comme un signe – un de plus – de l'action posthume de sainte Thérèse de Lisieux en notre monde.*

*À la lecture j'ai été frappé de l'actualité de ces pages. Thérèse va toucher les êtres tels qu'ils sont, là où ils sont, sans aucun préjugé. Il me semble que de nombreux lecteurs pourront se reconnaître dans les événements de la vie d'André. Je souhaite beaucoup que son témoignage leur donne une espérance dans leurs difficultés familiales et diverses épreuves telles que l'alcoolisme, la drogue, l'attrait des sectes, la souffrance du divorce…*

*Enfin, je suis très sensible à la place des femmes dans la vie d'André : sa mère, la Vierge Marie, Martine, son épouse, et Thérèse. Leur amour, leur tendresse, leur force, leur patience l'ont tiré vers la Lumière, la Vérité, l'Amour.*

GUY GAUCHER,
Évêque auxiliaire,
de Bayeux et Lisieux.

Dans un souci de respect, j'ai volontairement modifié les noms de certains personnages de ce récit.

Si malgré tout, ils devaient se reconnaître en prenant connaissance de ce témoignage, je souhaite leur dire du fond du cœur mon amitié et mon affection car, tous, chacun à sa place et à sa manière, auront contribué, sur mon chemin, à faire apparaître les traces de Dieu dans ma vie.

Qu'ils en soient remerciés.

Je les porte tous, sans exception, dans ma prière.

# AVANT-PROPOS

Je pourrais, bien sûr, m'exonérer du plaisir que je prends à « raconter ma vie » en argumentant que beaucoup de personnes, depuis longtemps, m'ont demandé de le faire en écrivant ce témoignage.

L'honnêteté me pousse à reconnaître aussi que c'est moi qui l'ai voulu. Ces personnes au fil des ans n'ont fait qu'amplifier et conforter encore plus mon désir de témoigner par écrit de ce que j'ai vécu.

En racontant si longuement ma vie, en me retournant sur mon passé qui précéda « la rencontre » j'ai voulu y montrer les traces de Dieu car, je l'ai découvert après, Il a toujours été là. J'aime beaucoup le texte du poète brésilien Ademar de Borros car il dit bien ce que j'ai ressenti en « me retournant » :

« Dans la nuit de Noël j'ai eu un songe. J'ai rêvé que je cheminais sur une plage en compagnie du SEIGNEUR et que, dans la toile de ma vie, se réfléchissaient tous les jours de ma vie. J'ai regardé en arrière et j'ai vu qu'à ce jour, où passait le film de ma vie, surgissaient des traces sur le sable, l'une était la mienne et l'autre était du Seigneur. Ainsi nous continuions à marcher jusqu'à ce que tous mes jours fussent achevés. Alors je me suis arrêté et j'ai regardé en arrière. J'ai retrouvé alors qu'à certains endroits il y avait seulement une empreinte de pieds. Et ces lieux coïncidaient justement avec les jours les plus difficiles de ma vie, les jours de plus grande angoisse et de plus grande peur et de plus grande douleur. J'ai donc interrogé le Seigneur : "Seigneur, tu as dis que tu étais avec moi tous les jours de ma vie et j'ai accepté de vivre avec toi. Mais pourquoi m'as-tu laissé seul dans les pires moments de ma vie ?” Et le Seigneur me répondit : “Mon fils, je t’aime : j’ai dit que je serais avec toi durant toute la promenade. Et que je ne te laisserai pas une seule minute, et je ne t’ai pas abandonné. Les jours où tu as vu à peine une trace sur le sable furent les jours où je t’ai porté…” »

Il fallait que j’écrive cette rencontre pour trois raisons. La première est simple. Cette histoire n’est plus à moi, je dois la rendre en témoignage. Ce n’est pas plus compliqué que cela…

La deuxième peut se comprendre : je ne veux pas que cette histoire vieillisse avec moi. En effet, que deviendra ma mémoire, si Dieu me prête vie longtemps ? Non ! Décidément, je ne me vois pas « radoter » ce récit au coin du feu en oubliant ou rajoutant des souvenirs par-ci par-là. Ce serait altérer un trésor. Il me fallait donc en l’écrivant « libérer » cette histoire de mes probables limites de l’âge.

La troisième raison est un peu plus liée à un souci pratique et de surcroît elle satisfera probablement mon entourage : en effet, après l’avoir écrite j’en parlerai peut-être un peu moins. Je pourrai la donner à ceux qui voudront la lire. Ils auront ainsi tout loisir d’en prendre connaissance dans le calme et sans bavardages inutiles de ma part.

J’espère qu’elle n’ennuiera personne. Pour ma part, en la vivant, je n’ai pas vu le temps passer…

« Souvent pendant les récréations, je m'appuyais contre un arbre et là je contemplais le *coup d'œil*, me livrant à de sérieuses réflexions ! »

THÉRÈSE DE LISIEUX.
(Ms A, *Œuvres complètes*, p. 128.)

*CHAPITRE PREMIER*

# UN GOSSE DE LA BELLE-DE-MAI

4 février 1959. J'ai neuf ans. C'est le jour de mon anniversaire. Je suis dans la cour de mon école à la Belle-de-Mai à Marseille pendant une récréation. Ce jour-là je ne sais pas pourquoi, fut certainement marqué par les difficultés de ma vie : problèmes entre mes parents, sentiments d'angoisse d'un enfant devant toutes les incertitudes d'une existence précaire. Manque d'argent, difficultés quotidiennes, mon père n'ayant pas de travail, une maison dont le toit fuyait de tous côtés un peu comme s'il n'y avait pas de toit, c'était ma vie. Celle de mes frères et sœurs aussi.

Ce jour-là, par une intuition incompréhensible et n'ayant comme fuite vers un bonheur hypothétique que l'avenir, je me suis placé sous un arbre, un platane, dans la cour de l'école, une manière pour moi de marquer le lieu géographique et de choisir comme instant la date même de mon anniversaire.

Je voulais garder en mémoire ce moment et cet André pour m'en souvenir plus tard, si un jour je devais être heureux, quand je serais devenu un homme, peut-être en l'an 2000 ? date symbolique pour moi du futur. Il ne me fallait pas l'oublier, cet anniversaire…

Ce fut pour moi comme un moyen mnémotechnique de ne jamais oublier le profond désarroi dans lequel je me trouvais ce temps-là et de m'en souvenir tout le restant de mes jours en espérant confusément que le futur serait sans aucun doute possible meilleur.

Chose fut faite et je n'ai jamais oublié à travers ce geste pathétique d'un enfant découvrant, seul, la réalité de sa vie, combien la solitude pouvait être le lot incontournable de tout être humain à quelque âge que ce soit. L'expérience fut réussie puisque, quelque quarante ans après, je me souviens avec beaucoup d'émotion de la fragilité et de la sensibilité de cet enfant que je fus.

Le 4 février 1959, ce geste accompli fit de moi un être de réflexion et je crois bien qu'en ce jour ce fut la fin véritable de mon enfance. J'en perdais, en effet, l'insouciance et la confiance de mon âge pour les remplacer par une lourde inquiétude qui ne me quittera plus. C'est ce jour-là, le jour de mes neuf ans, que je pris pleine conscience de ma solitude.

Je n'avais pas tort de m'inquiéter car la route ne fut pas simple à suivre. Lorsque je repense à cette époque, je n'y vois que confusion et désordre avec un grand sentiment d'insécurité.

Malgré les tumultes familiaux nous eûmes de l'amour. Oh ! Ce ne fut certes pas un amour très démonstratif. Mais je le sentais bien, il était là dans le cœur de mes parents déchirés par leurs problèmes.

À cette époque, dans les années 60, à la Belle-de-Mai, quartier typique de Marseille, replié sur lui-même comme un village dans la ville, la vie était pauvre et simple. Ce quartier était considéré comme un réservoir inépuisable de voyous. Je fus préservé de ces mauvaises fréquentations par une attention de mes parents que je ne mesure qu'aujourd'hui. Malgré leurs nombreux soucis, leurs discordes et leurs quotidiennes disputes, ils ne lâchèrent jamais la barre et ne nous permirent pas ce que beaucoup d'autres parents, en apparence plus heureux, laissèrent faire à leurs enfants.

Mon père buvait. C'était un brave homme. Son alcool ne le rendait pas méchant, bien au contraire. Je sentais en lui beaucoup d'amour pour nous. Il avait une bonté profonde. Il était malheureux je crois, du malheur des hommes qui travaillent pour un maigre salaire à des tâches ingrates. Ma mère supportait mal cet état de fait et nous devions assister pratiquement tous les soirs à de violentes altercations.

Nous, nous sommes passés à côté tous les deux. Souvent je lui en voulais de se comporter ainsi mais je l'aimais énormément car il me semblait déjà comprendre qu'il nous quitterait tôt. De la confusion de ces années je n'ai gardé de lui que des souvenirs tendres et affectueux, l'amour a gommé tout le reste.

Je me souviens d'un soir de Noël, il me tenait assis sur la table en Formica de la cuisine, unique pièce familiale, et me racontait l'histoire d'un petit enfant ayant secouru le Père Noël un soir d'hiver. Je savais bien ce soir-là qu'il m'aimait très fort et je ressentais un grand bonheur à l'écouter. Ces instants étaient si rares... je devais avoir quatre ans.

Son travail était précaire, sa santé le devenait. Il perdit son emploi, il était manutentionnaire dans une usine de peinture à Sainte-Marthe. Mais je ne comprenais pas bien toutes ces choses-là.

Les déchirements familiaux continuèrent.

À l'inverse des autres enfants de mon âge je redoutais les fins de semaine (on ne disait pas le *week-end* chez nous !). Seuls les samedis matin étaient paisibles et avaient un air de fête que je savais, hélas, inévitablement précurseur de violentes querelles entre mes parents. Les dimanches matin se passaient relativement bien aussi mais la journée se terminait fréquemment dans un grand désarroi familial.

Ma mère m'avait inscrit aux enfants de chœur de la paroisse de la Belle-de-Mai et j'y allais sans déplaisir ni conviction, tout me semblait normal. C'était l'époque des prêtres-ouvriers et je me souviens du père C. qui, je l'appris en écoutant les grandes personnes, en était un. Cela me paraissait curieux qu'un prêtre pût travailler.

Je servais la messe le dimanche avec quelques camarades du quartier. Je n'avais pas d'état d'âme particulier, je me pliais aux règles de l'époque avec docilité sans plus. Je comprenais que l'Église prenait le parti des pauvres et, dans un raccourci superbe pour mon âge, je crus naïvement que la quête des dimanches leur était réservée. Étant pauvre moi-même il me parut donc tout à fait normal de me servir sans intermédiaire ! Il fallait cependant que cela reste entre le Seigneur et moi de crainte qu'une mauvaise âme, ne partageant pas mon intimité avec Dieu, ne me punisse. Mon stratagème était simple : dans l'église de la Belle-de-Mai, pour passer du chœur à la sacristie, il fallait traverser un couloir de quelques mètres fermé à chaque extrémité par une porte. Je me débrouillais donc, à la fin de la messe, pour récupérer les paniers de la quête et les ramener à la sacristie. Dans l'intervalle du couloir, à l'abri de tous regards, je saisissais une poignée (raisonnable) des pièces que j'estimais être le dû de ma pauvreté. Je retroussais rapidement mon aube et avec dextérité enfournais ma poignée de pièces dans la poche de mon short. J'ai toujours honnêtement pensé que le Bon Dieu, seul, pouvait comprendre mes agissements... J'achetais quelques habits avec cet argent mais je me sentis un peu plus coupable le jour où ce furent des patins à roulettes : pour un pauvre ce n'était pas vraiment de première nécessité ! Je ne me suis jamais confessé de cette faute tant j'étais persuadé que ce n'en était pas une. Pour rassurer les âmes sensibles qui liront ces lignes, je précise que je ne fis pas cela trop souvent.

Je ne me souviens pas d'avoir eu à cette époque une grande ferveur religieuse, je suivais simplement un mouvement naturel sans trop me poser de questions. Il fallait aller à la messe, donc j'y allais, c'était d'ailleurs pour moi un moment de paix dans la tourmente de mes semaines, un moment de distraction aussi car après la messe il y avait quelquefois des baptêmes et nous attendions avec impatience la sortie des familles. Les parrains en effet avaient pour coutume d'envoyer, à la volée, des pièces de monnaie aux enfants rassemblés sur le parvis qui se précipitaient en hurlant et en se battant pour essayer d'en récupérer un maximum. Si nous estimions qu'il n'y en avait pas suffisamment nous nous mettions tous à crier : « Parrain rascous [1] ! Parrain rascous ! » Nous allions ensuite dépenser cette manne céleste chez « La Panissière », une petite échoppe tenue par une vieille dame à qui nous donnions le même nom que sa boutique, nom hérité d'une spécialité de Marseille : les panisses, espèce de beignets à cuire dans l'huile qu'elle vendait en de longues bûchettes prêtes à être découpées en tranches et cuites à la maison. Il y avait chez elle de quoi satisfaire les plus gourmands d'entre nous : c'était une foison de petits bonbons, il y en avait à tous les prix et pour quelques centimes chacun pouvait y trouver son compte.

Au fronton de l'église de la Belle-de-Mai une phrase est gravée dans la pierre. Ce sont les paroles mêmes de Jésus : *« Je suis le Chemin, la Vérité et la Vie. »*

Je crois bien que c'est la seule question d'ordre spirituel que je me suis posée à cette époque : comment un homme, fût-il Jésus, put-il ainsi parler et se comparer à un chemin ? Je n'ai jamais fait part de mon interrogation à quiconque, n'espérant aucune réponse de la part des hommes. Je savais obscurément qu'ils ne pourraient me satisfaire avec des mots.

Je n'avais pas tort, je le découvrirais vingt-quatre ans plus tard…

---

1. Probablement, « radin » ou « avare ».

*CHAPITRE II*

# MON PÈRE

Je devais avoir dix ans. Mon père me tenait la main. Il marchait lentement. Nous venions de dépasser le groupe Burel, HLM des années d'avant-guerre, pas trop inhumaines encore, en direction du Merlan. Il s'arrêta à la patte d'oie qui bifurque d'un côté vers le Merlan, de l'autre vers Sainte-Marthe. Le siège social des dattes « Micasar » était là. C'était une usine de fruits secs aux embauches saisonnières qui dépannait souvent les habitants du quartier. Il y entra pour demander du travail. La réponse fut courtoise mais claire : il n'y en avait pas. Il laissa son nom, notre adresse, et nous repartîmes tous deux.

Une fois dehors il me demanda de m'arrêter quelques instants, il avait mal aux jambes. Je compris en silence sa détresse mais je ne pus rien dire pour le consoler tant la pudeur de mes jeunes années m'en empêchait. Je compris, ce jour-là, combien un homme pouvait être seul. Cet homme-là aujourd'hui, c'était mon père, sous mes yeux, et je ne pouvais rien pour lui si ce n'est mettre ma petite main dans la sienne et continuer à marcher à ses côtés sur les pauvres trottoirs de la Belle-de-Mai à la recherche d'un hypothétique travail. J'avais mal pour lui.

Nous habitions la traverse Notre-Dame-du-Bon-Secours, une triste traverse, étroite et sombre aux murs noirs et décrépis. Seule note d'espérance : son nom, Notre-Dame-du-Bon-Secours !

Nous avions un petit trois pièces, insalubre, donnant sur une cour encombrée de matériaux de toutes sortes. Une vieille grue rouillée aux câbles effrayants et aux dimensions impressionnantes pour l'enfant que j'étais, trônait dans ce bric-à-brac informe de parpaings, de poutres et de ferrailles entremêlées. Une épaisse poussière, de plusieurs années sans doute, recouvrait le tout. Nos jeux y étaient dangereux tant les risques de se blesser étaient grands. Les chats de gouttière régnaient en maîtres sur ces lieux.

À la maison, les naissances se succédant, nous étions déjà cinq enfants dans ce modeste trois pièces. L'appartement nous fut prêté gratuitement par un oncle qui en était propriétaire. Il était architecte, autant dire ministre pour nous… À la revente de la maison les nouveaux acquéreurs nous coupèrent l'eau et l'électricité pour nous obliger à partir ou à payer le loyer. Je me souviens de mon père montant dans les combles par une trappe située dans les toilettes, suivant la tuyauterie en plomb pour retrouver le robinet d'eau et ainsi le rouvrir. Invariablement il était refermé par les propriétaires et nous devions alors nous alimenter à la fontaine du quartier.

Nous sommes restés longtemps sans électricité, nous étions les seuls dans le quartier à ne pas l'avoir. Pour nous chauffer, l'hiver, ma mère mettait au four, dans la cuisinière à charbon, des briques qu'elle entourait ensuite, bien chaudes, dans du papier journal pour les glisser dans nos lits. Quelquefois, en complément, elle disposait au milieu de l'unique chambre une casserole avec du sable imbibé d'alcool qu'elle allumait avant d'aller se coucher.

Je redoutais la pluie. Elle pénétrait la maison de toutes parts. Les auréoles brunes qu'elle laissait au plafond m'angoissaient au plus haut point. Je me sentais dans l'insécurité la plus totale et je mesurais mon angoisse au nombre d'infiltrations supplémentaires à chaque orage et aux intervalles s'accélérant entre chaque chute de goutte. Les bassines, récipients divers et pièces à frotter, disposés en tous sens dans la chambre commune des enfants, ne faisaient qu'accroître mon inquiétude. Je ne le dis jamais ni ne le montrais mais ce fut un véritable cauchemar pour moi.

Lorsque, quelques années plus tard, nous fûmes relogés dans les HLM de Frais-Vallon, dans la banlieue nord de Marseille, mon bonheur fut immense d'avoir une dizaine d'étages au-dessus de notre tête. Je me disais que plus jamais l'eau ne suinterait des plafonds !

Ce bonheur aujourd'hui m'émeut ; il était simple et fort, bâti autour du nécessaire. Le superflu matériel n'existait pas chez nous.

Mon père disparaissait de temps en temps. Il allait en « cure », de désintoxication bien sûr. C'était un espoir chaque fois déçu. Son mal le rongeait. Il ne semblait plus vouloir se battre, je le comprenais. Tout allait très mal entre lui et ma mère. Nous assistions, impuissants, à la dérive de leur couple. Il avait bien retrouvé un travail dans une entreprise de peinture « La Motoline », près du boulevard National mais cela ne changea rien à son comportement. Il continua à boire…

## *CHAPITRE III*

# MAMAN

Mes parents s'étaient connus à Bas-en-Basset, petit village de Haute-Loire. Mon père y était en garnison comme cuisinier au mess des officiers. Ma mère y habitait avec Philomène Gardon, ma grand-mère. Elle n'a jamais connu son père, Johannes, mort avant sa naissance dans un accident de travail en forêt. Mon père l'épousa et l'embarqua aussitôt pour Marseille. J'ai toujours imaginé la rupture qu'elle a dû subir entre sa vie à Bas-en-Basset et les conditions plus que précaires qui furent les nôtres dans une grande ville comme Marseille. Dans ses moments de découragement je l'ai souvent entendue évoquer avec regret son petit village de Haute-Loire. Elle qui avait eu une éducation saine et religieuse donnée par une mère courageuse, faisant seule face aux besoins de son unique enfant, se retrouvait là, dans la tourmente d'une immense ville, avec un homme, certes bon et honnête, mais pas toujours sérieux.

Plus jeune, elle voulait être religieuse. Cela me troublait ; tant d'écart entre un désir et la réalité. Comment fallait-il croire en Dieu pour lui donner toute sa vie ? Comment pouvait-on après un tel désir d'absolu vivre dans le dénuement et les soucis qu'elle connaissait alors ? Ce fut un mystère pour moi.

Mon plus ancien souvenir remonte à Bas-en-Basset : c'est l'odeur du bois brûlé mélangée à l'odeur des vaches et de l'herbe humide. Ce souvenir olfactif m'a longtemps suivi. Je devais avoir deux ans, nous allions pour les vacances voir notre grand-mère. Ma première déception aussi remonte à cette période : il y avait la fête dans le village le soir. Des lampions colorés étaient en l'air, accrochés à des ficelles entre les arbres de la place. Je dus certainement insister pour en avoir un, interrompant sans cesse la conversation des grandes personnes. Le garde champêtre, qui était là, me promit, sans doute pour me calmer, d'en décrocher un dès le lendemain et de me le faire parvenir à Marseille. Je le crus sur parole. J'ai attendu des années mon lampion et je dus, un beau jour, me rendre à la triste évidence : les grandes personnes ne disaient pas la vérité ! Peut-être était-il mort, mon garde champêtre, me disais-je, seule excuse valable, à mes yeux, devant la gravité de sa défection.

Philomène mourut bientôt. Bas-en-Basset devint pour nous le bout du monde. Nous ne devions plus y revenir avant longtemps. Seul lien avec la Haute-Loire : un courrier assidu que recevait ma mère d'une vieille tante, Clotilde, pieuse et fidèle, qui ne se douta jamais de nos turpitudes familiales.

*Je sus, un jour, qu'elle priait pour nous sans cesse.*

Quelques années plus tard, vers mes neuf ans, je commençais à lever les yeux au ciel. Non pour y chercher Dieu encore, mais pour essayer d'y voir passer le premier *spoutnik* soviétique. Dans mon imaginaire d'enfant cette époque fut enchanteresse. Le 12 avril 1961 le cosmonaute soviétique Iouri Alekseïevitch Gagarine devint mon premier héros vivant. Il était le premier homme à voyager dans l'espace à bord du satellite artificiel *Vostok*. J'écrivais son nom sur les murs sales de ma traverse et les rues de mon quartier. La conquête spatiale me fascinait. Je suivais avec un intérêt croissant les exploits des cosmonautes sans me soucier de leurs origines soviétiques ou américaines. Ils étaient tous, pour moi, des héros d'une ère nouvelle.

Moi qui ne sortais que très rarement de mon quartier, j'avais le cosmos dans la tête. Je lisais tout ce qui me tombait sous la main sur cette aventure extraordinaire de l'humanité. Le système solaire n'avait aucun secret pour moi, ni les galaxies lointaines. La presse étant moins touffue qu'aujourd'hui, chaque article était pour moi un véritable trésor que je découpais et collais avec soin dans des cahiers d'écolier pour ne pas les perdre et pouvoir les relire souvent.

La science-fiction aussi avait sa place dans mes rêves avec Guy Léclair en bandes dessinées. Il avait à lui tout seul remplacé mes deux *cow-boys* préférés : Buck-John et Kit-Carson !

Je m'évadais ainsi avec mon héros dans des mondes futurs à travers l'espace et le temps. Le passage de l'an 2000 me rend songeur : pour mes rêves d'enfant c'était la barre mythique du futur, celle au-delà de laquelle tous mes héros, voyageurs spatio-temporels, se rendaient par des moyens scientifiques et techniques inouïs. Ils y découvraient souvent un monde plus évolué, meilleur aussi. Pour ma part, le seul moyen que j'ai trouvé pour parvenir à ce futur, c'est de vieillir d'un demi-siècle précis. Quelquefois je me demande ce qu'auraient fait mes héros en le découvrant tel qu'il est.

Peut-être que, déçus, ils auraient mis le cap vers l'an 3000 ?

J'étais bien loin de me douter, en l'an 1959, que mon aventure dans le temps serait, et de loin, plus belle et plus grande que la leur...

*CHAPITRE IV*

# LA FRACTURE

Un choc violent comme un éclair me traversa le corps. Qu'avais-je fait ? Je ne compris pas ce qui m'arrivais. Une douleur terrible, brûlante, déchira mon bras droit à la hauteur de l'humérus, en dessous de l'épaule. Mes camarades dans la cour de l'école continuaient à jouer autour de moi à se lancer des projectiles dans un tohu-bohu infernal. Aucun d'eux ne se souciait de moi. La douleur pour mes douze ans était intolérable. Je cherchai du regard mon petit frère Éric qui devait être dans la cour, il venait lui aussi de manger à la cantine, il ne devait pas être bien loin. Mais qu'avais-je fait pour avoir si mal ? Simplement ramassé par terre un restant de pomme du repas et l'avoir lancé par jeu sur un camarade qui passait. Après avoir levé mon bras pour préparer mon élan, au moment de lâcher le projectile ce choc fulgurant ! Je ne comprenais pas. Mon frère m'aperçut enfin et vint à ma rencontre.

La suite fut très banale : les pompiers, l'hôpital, une superbe fracture de l'humérus mystérieusement brisé net.

Quelque temps plus tard les médecins diagnostiquèrent une décalcification osseuse avec naissance d'un kyste osseux (cavité osseuse) de la grosseur d'une balle de ping-pong dans le haut de l'humérus. Ce qui expliquait cette fracture sans choc. Il me fallait suivre un traitement à base de calcium. En attendant je dus porter pendant plus d'un mois un appareil épouvantable destiné à remettre en face par tension les deux parties brisées de l'humérus pour leur permettre de se ressouder correctement. La rééducation suivit, lente et douloureuse, et je me crus guéri.

La situation à la maison ne s'arrangeait pas. Notre inquiétude à tous grandissait. Mis à part les accalmies passagères, nous avions toujours connu cet état de fait. C'était notre lot quotidien et nous le partagions en silence et dans la résignation.

Je continuais à suivre le catéchisme et le patronage. Le père M. s'occupait de nous. Il était dynamique et efficace. Je crois qu'il n'appréciait pas les riches et les bourgeois, peut-être était-il un peu communiste. Je fis ma première communion le 24 mai 1959. Je n'en garde qu'un souvenir : celui d'avoir brûlé les cheveux du garçon qui me précédait dans la procession avec mon cierge ! Je me défendis de l'avoir fait exprès, ce qui était faux bien sûr.

Ma confirmation eut lieu le 23 février 1961. Là je me souviens de l'évêque, de ses habits d'apparat et du gros anneau qu'il nous tendait pour l'embrasser. Enfin la communion solennelle le 3 juin 1962, certainement l'année après le bras cassé.

J'ai retrouvé ces dates sur une ancienne photo ce qui explique ma précision. Ce qui en revanche est curieux, c'est que je ne me souviens pas « en profondeur » de ces événements ni du catéchisme qui m'y a préparé. C'est un peu comme si tout ce qui s'y rapporte était enseveli dans un brouillard impénétrable. Certainement que mes angoisses d'enfant occupaient la plus grande place de mes souvenirs…

Le père M. organisait une colonie de vacances toutes les années aux alentours d'un petit village du Haut-Var : Bargemon. J'y suis allé deux ou trois fois. Il me semblait que c'était très loin tant j'étais habitué aux limites de mon quartier que je ne franchissais qu'en de très rares occasions. Cette échappée d'un mois m'était une source de joie et d'inquiétude à la fois : la joie de me retrouver à la campagne, dans la nature avec d'autres enfants de mon âge, doublée de l'inquiétude de laisser mes parents, mes frères et sœurs dans les difficultés que je nous connaissais. Il me semblait fuir et les trahir en partant. Je n'étais pas vraiment heureux.

Après la colonie de Bargemon, en 1962, mon bras se recassa deux fois ! Le kyste osseux non seulement ne se résorbait pas mais grossissait. Cela devenait inquiétant. Il fallait prendre des décisions sous peine de voir mon bras se fracturer en permanence. Les médecins, voulant éviter la greffe osseuse, conseillèrent à mes parents de m'envoyer quelques mois dans un hôpital héliomarin, espérant que l'air de la mer, le soleil et le repos aideraient à la reconstitution de mon humérus. L'hôpital Léon-Bérard, sur les hauteurs de Hyères, face à la presqu'île de Giens, fut retenu. Il me fallait d'abord terminer l'année scolaire.

Chez nous tout continuait à aller de travers. Mon père, lors de son premier licenciement, avait fait venir à la maison un collègue de travail licencié en même temps que lui, François. Ce dernier avait vécu d'abord seul dans un petit hôtel du quartier, mais il ne pouvait plus supporter cette dépense. Comment Jean, mon père, en est-il arrivé à une pareille situation ? Je ne me l'expliquerai jamais. Je ne peux essayer de comprendre qu'en repensant à cette espèce de fraternité trouble et de complicité malsaine qui unit les gens qui boivent. Car François, avec un peu plus de retenue, buvait aussi. Tout cela avait dû s'élaborer dans l'euphorie d'une soirée de comptoir ! Toujours est-il que cet homme était de plus en plus présent à la maison. Je me souviens avec horreur des dimanches après-midi, où tous deux, sans discontinuer, jouaient aux cartes autour d'une bouteille. Je peux dire avec certitude que c'est de cette époque que me vient la phobie pour ce jeu.

L'air et l'ambiance étaient mauvais pour nous les enfants. Surtout les aînés Nicole, Chantal et moi. Les enfants sont de vraies antennes affectives. Quand nous avons quitté cette enfance nous ne sommes plus capables de nous en souvenir et les mêmes erreurs se répètent. Nous agissons devant eux comme s'ils ne devaient jamais se souvenir des tristes spectacles que nous leur donnons quelquefois en pâture.

Personnellement je n'ai jamais oublié mon lampion de Bas-en-Basset, et le souvenir de mon garde champêtre m'a bien rendu service, à plusieurs reprises, pour ne pas décevoir d'autres enfants...

Nous ne pouvions que supporter cette situation, nous n'avions rien à dire. Moi, je devais m'en aller vers cet hôpital, laisser mes frères et sœurs au cœur de ce malaise familial. Cette pensée m'était intolérable. J'espérais revenir très vite de mon hospitalisation pour partager leur sort à nouveau.

La date de mon entrée fut fixée au lundi 9 septembre 1963. Je m'en souviendrai le restant de mes jours. C'était encore une journée de vacances scolaires. Ma mère, François, mes trois sœurs : Nicole, Chantal, Marie-Françoise, mon frère Éric et mon dernier petit frère Claude devaient m'accompagner à l'hôpital en faisant l'aller-retour en car dans la journée. Mon père, lui, je ne sais pourquoi, ne devait pas venir.

Mon bagage prêt, je me suis approché de lui pour lui dire au revoir. Il était assis à la table en Formica de la cuisine. Celle-là même où quelques années plus tôt il me tenait dans ses bras en me racontant l'histoire de l'enfant et du Père Noël. Ses joues étaient à ma hauteur. Nous ne nous sommes rien dit. On ne parlait pas chez nous dans de tels moments. Il m'a pris dans ses bras et nous nous sommes embrassés. Je ne savais pas à cet instant précis que jamais plus je ne le reverrais sur cette terre.

J'avais treize ans et demi. Je partais pour deux mois, je ne devais revenir que trois ans plus tard.

## *CHAPITRE V*

# L'HÔPITAL

Sur le flanc de la colline, devant le golfe de Giens, émergeant d'une forêt de pins, les trois immenses bâtiments héliomarins se dressaient, face à la mer, et aux marais salants de la presqu'île.

Le premier, « Pomponiana », avec sa Vierge de pierre immense sur son fronton à quelques enjambées de la plage de l'Almanarre. Juste au-dessus, « Léon-Bérard » avec son quadrillage de terrasses exposées au soleil pour le bien-être des malades. À côté, immédiatement sur sa gauche, le pavillon des femmes, « Félix-Bérard », un peu moins haut et presque englouti dans la masse des arbres. Ce devait être des constructions d'entre les deux guerres, œuvre des hôpitaux de Lyon. Culminant le tout, le mont des Oiseaux.

La Belle-de-Mai me semblait bien loin déjà comme à chaque fois que je m'en éloignais de quelques kilomètres. Cette fois il y avait non seulement la distance mais le temps : deux mois à passer ici.

Nous avons occupé la matinée avec mes sœurs et mes petits frères à barboter dans l'eau et à profiter de la plage. À midi, chose rarissime, nous avons mangé dans un petit restaurant au bord de l'eau, nous avons pris des photos, essayant de transformer, sans trop y croire, cette journée de séparation en une journée de vacances.

Catherine, ma mère, avait le cœur gros. Je le sentais bien. Elle en avait vu d'autres, elle en verrait d'autres encore mais son cœur de mère devait bien souffrir au moment de me quitter.

Je souffrais aussi de la voir repartir avec tous ses problèmes vers cette sombre traverse de la Belle-de-Mai et moi de rester là dans ce décor somptueux, inondé de soleil, de verdure et de mer.

En trois ans je ne la reverrai que trois fois, mais, Dieu merci, en nous quittant ce jour-là, ni elle ni moi ne le savions.

On m'installa au quatrième étage de l'hôpital, chez les enfants. Les trois étages inférieurs étaient ceux des adultes. Le rythme des journées était immuable : lever vers 7 heures, petit déjeuner, les femmes de salle passaient faire les lits, nous prenions nos médicaments et ensuite cure de soleil. Nous sortions alors nos lits, tous munis de grosses roulettes, sur l'immense terrasse servant de solarium. Pendant une heure nous restions là à lire ou à discuter sans trop nous agiter. Certains en profitaient pour étudier leurs devoirs. Quelques enfants étaient inscrits par leurs parents à des cours par correspondance et étaient aidés sur place par des professeurs de l'hôpital.

À midi, déjeuner puis cure de repos. Nous pouvions lire mais surtout ne pas parler, ceci pendant une heure.

Les après-midi il y avait plage pour « les marchants » dont je faisais partie. À l'étage nous pouvions travailler aux ateliers de photo et de menuiserie animés par un jeune moniteur de dix ans mon aîné : Jean Bernard ; il sera pour moi comme un grand frère, il est resté aujourd'hui un grand ami. Dans ce milieu médicalisé il nous apportait un peu de l'air du dehors et sa présence contribuait à donner un style de « colonie de vacances » à notre hospitalisation. Sa présence et son action furent très importantes pour moi.

Les journées se terminaient vers 20 heures après que la « veilleuse » (infirmière de nuit) eut éteint les lumières des quatre grandes salles de l'étage, ne laissant allumé au plafond de chacune qu'un petit néon de faible puissance, nous laissant toute la nuit dans une obscurité qui ne sera jamais totale. Je pense que les infirmières de nuit tiraient leur nom de cette lampe nocturne : la veilleuse.

Les quatre salles de l'étage comptaient huit lits chacune, disposés le long des murs avec au centre, dans l'espace ainsi formé entre les lits, de grandes tables accolées servant aux repas.

Le dimanche matin nous allions à la messe à la chapelle de l'hôpital située au sous-sol. Mon service d'enfant de chœur y fut très apprécié.

Jean Bernard emmenait les plus valides en promenade dans la région après les repas dominicaux. Les « allongés » quant à eux se contentaient de la télévision ou de la bibliothèque. À part quelques handicapés sérieux, polio, paraplégie, la plupart des enfants étaient atteints de problèmes osseux : scoliose, décalcification.

Le personnel soignant et de service devint rapidement pour moi comme une deuxième famille. L'affection qu'il me témoigna durant mon séjour me fit autant de bien que le soleil et la mer conseillés par les médecins. Chacun connaissait mes problèmes et je n'oublierai jamais leur attitude à mon égard, elle fut admirable. L'avenir cahoteux, quelques années après, me ramena souvent vers ces lieux où je m'étais senti aimé.

Jean Bernard n'était pas là le jour de mon arrivée à l'hôpital. Il venait, les jours précédents, de se marier avec Colette et ils étaient tous deux en voyage de noces. L'infirmière en chef, plus communément appelée « la cheftaine » me présenta mes compagnons de chambre et m'expliqua le fonctionnement du service. N'était la présence de malades très handicapés et celle des femmes de salle en blouses blanches, l'ambiance se situait plus entre la colonie de vacances et l'internat que l'hôpital lui-même.

J'avais sous les yeux, à travers le nombre important d'enfants hospitalisés (une trentaine), la représentation d'une grande partie des régions de France. Le petit Marseillais que j'étais, aux limites géographiques très étroites de son quartier, commençait ainsi à ouvrir son esprit vers d'autres lieux. Je découvris des noms de régions, villes et villages jusqu'alors inconnus pour moi : Montbrison, Brive-la-Gaillarde, Cluses, etc. Une carte de France vivante s'étalait devant moi beaucoup plus riche que celle de mes manuels scolaires.

Moi qui partais régulièrement dans le cosmos en rêve, je découvris qu'à quelques millisecondes-lumière de mon quartier, d'autres enfants pareils à moi vivaient ! Je pris dès lors conscience de l'étroitesse de mon univers en écoutant mes petits camarades me parler de leurs régions respectives.

Mon niveau scolaire était de « fin d'études » comme on disait alors. Il me fallait en obtenir le certificat du même nom. Certainement contrarié par tous nos problèmes familiaux et très peu poussé par mes parents j'avais été jusqu'alors un élève attentif mais moyen. Les différents instituteurs de la Belle-de-Mai ne surent jamais éveiller en moi le désir profond des études qui s'empara de moi plus tard – trop tard, hélas !

Les cours à l'hôpital étaient assurés par quelques professeurs sur place enseignant chacun plusieurs matières. Une dame et deux messieurs. Le fonctionnement était un peu anarchique, sans trop de rigueur pour l'enfant. Si bien que de mon propre chef je décidai de ne pas m'intéresser aux mathématiques. Personne ne m'en fit le reproche et surtout pas le professeur qui, en plus de son aspect antipathique, ne semblait pas très motivé lui-même par ma présence et mon retard dans cette matière. Les « chouchous » semblaient être pour lui les enfants du secondaire abonnés à des cours par correspondance trop chers pour mes parents.

Je profitais ainsi de cette liberté octroyée pour ne pas trop travailler. Seul, M. Bouillaguet, le professeur de français et de latin, s'intéressa à moi.

Mon traitement médical n'était pas, lui non plus, très contraignant ; cachets effervescents de calcium Sandoz tous les jours, radios de contrôle pour mesurer l'évolution de mon mal, cure de silence et de repos, c'était tout. J'avais véritablement l'impression de n'être pas malade et trouvais un certain charme à ma nouvelle vie. Elle était, de loin, plus calme que la précédente !

Notre moniteur, Jean Bernard, s'occupait de « scoutisme extension », c'est-à-dire de la branche Scouts de France pour les enfants malades et handicapés. La troupe ainsi créée s'appelait la « III$^{e}$ Hyères-Charles-de-Foucauld » avec deux patrouilles : les Panthères et les Loups. J'intégrai la patrouille des Panthères et me mis à lire de nombreux livres sur le scoutisme. À leur lecture un sentiment de grand air m'envahit et me fit sortir, petit à petit, de mon conditionnement d'enfant des quartiers de Marseille. Je me pris à aimer ce mouvement fondé par Baden-Powell. Les idéaux simples, nobles et généreux qu'il véhiculait me touchèrent sincèrement.

Dans cette chambre d'hôpital, dans cette bulle apparemment hermétique je me mis à entrevoir, à ma portée, d'autres horizons, d'autres sentiments, d'autres espoirs, comme une dilatation de tout mon être. Par-dessus mes graves problèmes familiaux et l'état préoccupant de mon bras, un relatif bonheur s'installa en moi. Relatif, car il ne me fit jamais oublier que, loin de moi, mes frères, mes sœurs et mes parents continuaient de vivre une situation critique. Aucune information ne me parvint durant ces trois années au sujet de cette situation. Combien de fois ai-je essayé de déceler entre les lignes des lettres de ma mère un indice, même furtif, sur l'état de mon père ou sur leurs conditions de vie. Rien ! Était-ce un ordre des médecins pour me protéger ? Je ne le sais pas. Ce que je sais c'est que ce silence ne me fut pas particulièrement bénéfique. Il m'isola, avec mes pensées et mes suppositions dramatiques… J'étais seul.

Mes « antennes affectives » ne me trompèrent jamais.

Je redoutais le pire et j'avais raison. Un fil de plus en plus ténu me relia tout ce temps à eux, mais jamais il ne cassa, toujours il me fit mal comme un remords d'être loin d'eux, moi dans le confort et le calme, eux dans le besoin et l'inquiétude. J'étais particulièrement désemparé de les savoir sans eau ni électricité car je me souvenais en permanence de nos soirées à la bougie dramatisant d'autant plus les disputes de mes parents en leur donnant des allures angoissantes pour nous les enfants. J'avais tout, eau, électricité, télévision et, luxe suprême, la baignoire. Eux n'avaient rien…

L'hôpital, dont se plaignaient certains enfants issus de familles aisées, me paraissait être un hôtel cinq étoiles. Tout n'était que luxe et confort à mes yeux.

Le prix de la journée en 1963 (hors interventions chirurgicales) était de 5 000 francs lourds, mon père devait en gagner 35 000 par mois. Je ne comprenais vraiment pas ! Qui pouvait bien payer ? J'étais honteux de ce décalage outrancier entre leur vie, là-bas à Marseille, et la mienne, ici, dans cet océan de luxe. Il gâcha tout mon nouveau bonheur. Pourquoi fallait-il me consacrer autant d'argent alors que ma famille manquait de tout ?

On m'expliqua bien sûr que c'était la Sécurité sociale qui me prenait en charge. Mais tout de même !

Tous les deux mois d'ailleurs un médecin de cet organisme venait nous faire une visite de contrôle en présence du médecin-chef de l'établissement pour constater notre état de santé, soit pour nous faire sortir, soit pour nous « prolonger ». Combien de fois devrai-je entendre, à l'issue de cette visite, la sentence tombée de la bouche de cet homme : « Pour André, prolongation » ? Combien d'enfants vis-je rentrer après moi et repartir avant ?

À la longue ces visites médicales me laissèrent indifférent tant je m'étais habitué au verdict. Il me semblait être condamné à passer le restant de ma vie ici !

Ne disait-on pas que certains adultes, dans les étages, étaient là depuis plus de dix ans ? Par la suite je pus vérifier que ce n'était pas des légendes… Alors pourquoi pas moi ?

Je me surpris à devenir philosophe…

*CHAPITRE VI*

# DÉCOUVERTES...

« Bonjour, quel est votre prénom ?

— André.

— André, aimez-vous la lecture ? »

Je regardais cet homme avec étonnement. La quarantaine passée, des cheveux déjà blancs, coupés strictement en brosse, un visage buriné sec et déterminé avec des yeux vifs et pétillants, pleins d'attention pour moi. Une démarche un peu cassée due certainement à quelque accident ou maladie osseuse ancienne. Trois gros ouvrages sous le bras, remplis de marque-pages et, je le vis plus tard lorsqu'il les ouvrit, bourrés de notes écrites au stylo Bic rouge dans les marges de chaque page. Écriture fine, lisible, attentive et réfléchie. Il devait être bien intelligent, cet homme, pour noter des écrivains !

Et il me vouvoyait ! Pour la première fois une grande personne, s'adressant à moi, me vouvoyait :

« André, je suis M. Bouillaguet, votre professeur de français. Aimez-vous la lecture ? – Oui, monsieur. » Il parut satisfait.

« Qu'aimez-vous lire ? »

Aucune hésitation ne s'imposa à moi : « Tintin, Spirou... » Je perçus un bref mouvement de surprise agacée. Devant la sincérité de ma réponse il ne me fit aucun reproche sur la qualité de mes références littéraires. Je compris cependant qu'il se proposait, avec mon accord, de m'aider à trouver d'autres auteurs que Hergé, Goscinny ou Franquin. Une bibliothèque était à notre disposition à l'étage et il m'engagea à la découvrir. Je lus avec fierté mes premiers livres sans images en suivant les conseils de M. Bouillaguet. Ce n'est pas tant les livres eux-mêmes qui me passionnèrent au début, que la patience assidue qu'avait mon nouveau professeur de me les faire aimer. Par l'intérêt qu'il me portait et sa manière de me les expliquer il sut me les rendre attachants et je commençai ainsi à m'habituer à la lecture. L'apothéose fut atteinte le jour où, avec un œil lumineux, un accent pathétique dans la voix, et des explications enflammées il me récita :

*Sur l'onde calme et noire où dorment les étoiles,*
*La blanche Ophélia flotte comme un grand lys,*
*Flotte très lentement, couchée en ses longs voiles.*
*On entend dans les bois lointains des hallalis.*

*Voici plus de mille ans que la triste Ophélie*
*Passe, fantôme blanc, sur le long fleuve noir.*
*Voici plus de mille ans que sa douce folie*
*Murmure sa romance à la brise du soir.*

*Les nénuphars froissés…*

Nous étions tous les deux dans la salle de cours, j'écoutais et je regardais cet homme avec un intérêt croissant, me raconter, par poésie interposée, la triste histoire de cette Ophélie que je ne connaissais pas. Les mots de ce poème me semblaient majestueux, ils redoublaient de majesté dits par lui.

Je ne compris pas le poème tout de suite, beaucoup de mots ne faisaient pas partie de mon pauvre vocabulaire, mais instantanément sa musique s'inscrivit en moi comme une langue maternelle oubliée et redécouverte par la grâce que me faisait cet homme aujourd'hui. J'en fus immédiatement bouleversé. Il venait en un instant magique de faire naître, au plus profond de moi, un feu qui ne s'éteindrait jamais : la poésie.

Il m'apprit que l'homme ayant écrit ce poème s'appelait Arthur Rimbaud, qu'il était très jeune à la composition de ces strophes et qu'il était l'un des plus grands poètes du monde. Grâce à M. Bouillaguet je passais de l'âge de la pierre à l'âge du feu. De l'âge des récitations ânonnées bêtement par cœur à l'âge de la littérature.

Qu'avait-il fait de plus que tous les autres instituteurs que j'avais eus ? Je crois qu'il m'avait tout simplement regardé.

Le vouvoiement qu'il m'imposa, si impressionnant au début, ne fut jamais une distance mise entre nous, mais je le compris d'emblée, une forme de respect qu'il estimait me devoir. J'en fus immédiatement très touché.

Je me mis à lire tout ce qui me tombait sous la main. *Le livre qui devait, beaucoup plus tard, me marquer pour le reste de mes jours était dans cette modeste bibliothèque, j'allais, sous peu, le lire distraitement, machinalement, puis l'oublier complètement pendant de longues années. Durant ces années il ne laissa aucune trace dans mon esprit. Ce n'était pas un ouvrage méritant des palmes littéraires...*

René Bouillaguet était marié à Marie-Jeanne. Ils avaient un petit garçon : Jean-Noël.

La manière dont je connus Mme Bouillaguet fut très simple : quelques jours après mon arrivée au quatrième étage de Léon-Bérard, elle prit la direction de ce service et en devint la « cheftaine ». C'était une femme énergique et efficace. Elle savait s'imposer au personnel et aux malades, mettant son autorité naturelle au service de ses compétences professionnelles. Je devinais en elle une grande bonté, mal dissimulée sous cette nécessaire autorité.

Le service ronflait sous sa direction. Sans aucune sensiblerie de sa part, je compris qu'elle aimait vraiment « ses » malades ; tout dans son attitude le démontrait.

Habitué aux excès marseillais, je fus frappé par sa

dignité et sa contenance en toutes circonstances. Elle n'avait rien de méditerranéen dans ce que ce qualificatif a de plus démonstratif. Je voyais enfin évoluer sous mes yeux une grande personne raisonnable, rassurante et bien éduquée. Petit à petit nous apprîmes tous deux à nous mieux connaître et je devais en tirer le plus grand bénéfice.

Par obligation professionnelle elle devait certainement tout savoir sur moi. Elle était, en outre, tenue d'ouvrir et de lire le courrier des malades. Là où d'autres enfants étaient choqués cela ne me dérangeait pas. Elle n'a jamais abusé de cette situation qui lui était imposée par les besoins du service. Plus tard, lorsque je reçus régulièrement les confidences d'un ami, ancien de Léon-Bérard, songeant à devenir prêtre, elle me demanda avec délicatesse, devant la profondeur de ces lettres, l'autorisation de continuer à les ouvrir. J'étais heureux de partager avec elle ce secret car je percevais le vrai respect qu'elle en avait.

Je compris à ce moment précis qu'elle était croyante !

Oh ! Je la voyais bien tous les dimanches à la messe mais cela n'était pas une preuve suffisante pour moi, tandis que son attitude de cœur, oui ! Cette femme croyait bien en quelque chose d'extraordinaire et parvenait à concilier et à vivre cette foi dans l'ordinaire de tous les jours. J'avais, sous les yeux, pour la première fois un vrai chrétien ; humble, simple, discret, joyeux surtout, le contraire de tout ce qui me paraissait jusqu'alors être l'apanage des disciples actuels de Jésus. Peut-être avais-je mal vu auparavant ? Cela est possible. Toujours est-il que je garderai, pour l'avenir, le viatique rassurant et mystérieux de cette femme, témoin d'une espérance que je croirai longtemps inaccessible pour moi.

Les mois se succédèrent, je pris facilement place dans ma nouvelle vie. Elle était paisible et rassurante malgré mes ennuis de santé. Je pus passer mon certificat d'études avec facilité et beaucoup de complaisance, je crois, de la part de mes examinateurs.

Mon traitement médical se poursuivait mais sans succès. Une intervention chirurgicale dut être envisagée par le docteur A. au bout d'une année à Léon-Bérard.

Il me fallait subir une greffe d'os pour essayer de combler la cavité osseuse de mon humérus et il était hors de question de m'en prélever un morceau pour effectuer cette greffe. Mon état général ne le permettait pas. Ma famille ne fut pas sollicitée non plus. Il fut donc décidé de m'en greffer un morceau provenant d'une banque d'os.

L'opération se déroula normalement et je me retrouvai avec un plâtre « thoraco-bracial » enveloppant comme une carapace mon bras collé à mon abdomen, l'épaule droite et le thorax. À cela aussi je m'habituai, il le fallait bien.

Je ne me souviens plus combien de temps je gardai ce plâtre, deux mois peut-être ?... Lorsqu'on me le retira tout semblait en ordre. Je découvris une cicatrice d'une dizaine de centimètres avec en son centre un trou contenant une mèche que l'on avait laissée comme drain. Après le retrait de cette mèche le petit trou ne se referma pas et malgré l'apparente sérénité des docteurs, je compris « dans mon corps » qu'il y avait un problème.

Un liquide très fluide, comme de l'eau, et jaunâtre, comme de l'huile, suintait du petit orifice inquiétant. Les docteurs nommaient cela des sérosités. Rien de quoi me rassurer cependant et cette ouverture jusqu'au centre de mon bras, ouverte jour et nuit, m'inquiétait fortement.

C'était en fait le phénomène de rejet... Mon organisme rejetait tout simplement le corps étranger en le liquéfiant.

Pendant de longs mois je fus condamné à ne plus mettre en contact avec cette fistule quelque liquide que ce soit, hormis les nettoyants médicaux. Les baignades à la mer me furent supprimées. Cette affaire devint pour moi un véritable traumatisme car je commençais à comprendre que je n'étais pas encore au bout de mes peines…

C'était en 1965, j'avais quinze ans.

## *CHAPITRE VII*

# MARIE ENTRE DANS MA VIE... LA MORT DE MON PÈRE

Comme je l'écrivais plus haut, nous avions l'après-midi des cures de silence. Aux beaux jours elles avaient lieu au soleil, sur les terrasses du quatrième étage, vastes terrasses où nous pouvions sortir nos lits équipés de grosses roulettes. Nous devions rester une heure allongés et dans le silence absolu. Seules la lecture et l'écriture étaient autorisées.

Devant nous, majestueuse, la presqu'île de Giens, son golfe et le silence rompu quelquefois par le tonnerre assourdissant des *Crusader*, *Étendard IV* et *Fougas Magister* de la base aérienne de Palyvestre passant au-dessus de nos têtes.

Cela ne nous dérangeait pas, nous étions heureux de voir passer ces héros volants si près de nous que nous pouvions presque distinguer les boulons de leurs carlingues et leur silhouette casquée dans le *cockpit*.

Un jour, l'un d'eux, dans un *Étendard IV*, se « scratcha » en plein golfe de Giens sous nos yeux effrayés. À l'apparition de l'immense corolle de son parachute au-dessus de l'écume du scratch nous comprimes que le pilote était indemne : il avait actionné son siège éjectable à temps ! Quel spectacle pour les enfants que nous étions ! Dans les jours qui suivirent quelle ne fut pas notre admiration pour le pilote lorsque nous apprîmes, par les journaux, quels risques il avait pris pour éviter les hôpitaux héliomarins.

J'évoque ces cures de silence parce que l'une d'entre elles, parmi le millier que je fis en trois ans, me marqua à vie beaucoup plus que l'anéantissement de cet oiseau métallique.

Un phénomène étrange s'y déroula, mais celui-ci à l'intérieur de moi : tout était silencieux. Je lisais, pour passer le temps, une revue bien banale : *Paris Match*. Je parcourais distraitement cette revue sans attention particulière. Je fus attiré par un article sur Lourdes qui au premier abord ne me semblait d'aucun intérêt. À la fin de cette lecture mes yeux se mouillèrent et d'une manière incontrôlable je me mis à pleurer en silence sans comprendre ce qui m'arrivait. Que se passait-il ? Je n'étais dans aucune disposition pour réagir ainsi…

Cet article, bien sûr, parlait de Marie. Je n'avais d'elle, jusqu'alors, qu'une image de catéchisme un peu lointaine et très édulcorée, mais là, subitement, elle devint ma mère. Une mère vivante et bien réelle. Je ressentis pour elle un grand amour mais plus encore l'immense amour qu'elle avait pour moi, et c'est cela qui m'émut au plus profond de mon être.

*Dans le silence de mon cœur d'enfant, par une porte secrète, Marie entrait dans ma vie pour ne jamais me quitter.*

À cette découverte intérieure, mes larmes ne purent s'arrêter ; larmes de joie, larmes de reconnaissance, de celles qui nous lavent les yeux et l'âme pour mieux dissiper les ombres qui nous voilent les cieux.

*Marie fut, en ce jour lumineux, ma première rencontre, mon premier vrai bonheur, mon premier amour.*

Avec le temps, trente-cinq ans après, l'idée que j'ai de cette rencontre s'est clarifiée. Elle ne dut rien au hasard ; Marie devait venir, il était impossible qu'elle ne vînt pas, c'était écrit depuis toujours. Mon âme l'attendait, moi je ne le savais pas encore. Si des années plus tard j'ai rejeté la foi dans les désordres de ma vie, Marie en fut toujours, à mon insu, la souveraine gardienne. Jamais, envers elle, je n'ai manqué à la tendresse que je lui devais d'avoir posé sur l'enfant que j'étais un regard d'une telle intensité maternelle.

Au plus profond de mon désarroi, dans les années qui suivirent, lorsque je ne crus plus à rien, Marie demeura pour moi, dans le ciel que je croyais vide, la seule étoile, le seul espoir. Jamais je ne pus vraiment me résigner à sa non-existence. En silence, dans mon cœur, elle habitait, m'attendant, sans bruit, doucement, légère et humble comme dans l'Évangile.

Par elle le Seigneur fait ce qu'il veut dans le cœur des hommes de bonne volonté. Il le fit pour moi l'année de mes quinze ans et les années futures...

*La tendresse de Dieu, pour moi, s'appelle Marie.*

Cet après-midi-là le choc fut si intense que dans les jours qui suivirent l'idée folle de devenir prêtre s'empara de moi avec insistance. Je n'osais en parler tellement cette idée me paraissait saugrenue.

Mon premier confident fut un ami d'hospitalisation, Michel Vannier ; je mis la journée pour lui avouer mon « secret ». Aujourd'hui, il s'en souvient toujours et s'en amuse, se rappelant encore mes hésitations et les circonvolutions que je fis pour dévoiler mon affaire. Il était, à mes yeux, le seul digne de recevoir une telle confidence. Il est resté un ami fidèle.

J'en parlai ensuite à M. et Mme Bouillaguet et ils en furent très heureux. M. Bouillaguet se mit à m'apprendre le latin. Il me communiqua là aussi sa passion pour cette matière où il excellait. Je fus un élève exemplaire (au détriment de toutes les autres matières). Mme Bouillaguet me conseilla quelques Vies de saints, perdues dans les rayons de la bibliothèque de l'étage, que je lus avec frénésie. Certains d'entre eux me marquèrent profondément, d'autres moins ou pas du tout. J'avais comme habitude, à l'époque, de noter avec fierté chaque livre lu sur un petit carnet. Ce carnet, je devais le perdre et le retrouver beaucoup plus tard. Toutes les vies de saints que j'avais lues y étaient inscrites.

Cette rencontre avec Marie me rendit profondément heureux, d'un bonheur tout céleste car mes ennuis de santé et familiaux s'aggravèrent, ne me laissant aucun répit. Une nouvelle terrible allait me tomber dessus.

Au hasard d'un jeu entre enfants (nous jouions à qui savait le plus de choses les uns sur les autres et chaque révélation reconnue exacte par l'intéressé comptait un point), j'appris brutalement, par un camarade, la mort de mon père. Personne ne m'en avait parlé ! Ce camarade ayant surpris une conversation entre Mme Bouillaguet et Jean-Bernard, me l'avait répété, à l'occasion de ce jeu, persuadé que j'étais au courant.

Je n'en savais rien, bien entendu, mais voyant son désarroi devant ma première réaction, je me ressaisis et fis mine de le savoir aussi pour ne pas l'effrayer devant une telle gaffe. Je déclarai donc à tous que j'étais parfaitement au courant et qu'il avait bien mérité son point !

J'étais anéanti. Il fallait que Marie fût là car ma tristesse était immense.

Cet homme, mon père, venait de me quitter sans que je ne puisse rien pour lui. Je restais seul avec mon deuil, pleurant le soir en cachette sans autre consolation que cette foi me venant de Marie et me faisant follement espérer qu'il était enfin heureux ailleurs. Car je savais, je sentais, je voulais surtout que Dieu, au-delà de tout ce que les hommes disent sur le péché, l'eût pris auprès de Lui sans tenir compte de ses fautes mais seulement des souffrances qu'il avait endurées. Il ne pouvait en être autrement pour moi. Je sais, aujourd'hui, que c'est Dieu lui-même qui m'inspira comme réconfort ces pensées sur son infinie miséricorde. Mon père se disait athée, il est parti sans prêtre. Cela n'avait aucune importance pour moi et, j'en étais sûr, encore moins pour Dieu !

La certitude aveugle en la miséricorde de Dieu fut ma seule consolation dans ces moments pénibles.

Avant d'apprendre sa mort de manière aussi brutale, un petit événement m'avait bien laissé redouter le pire... Ma mère, François, mes frères et sœurs étaient venus me rendre visite à l'hôpital. Je profitai alors d'un court moment de tête à tête avec mon frère Éric pour lui demander des nouvelles de notre père. Il baissa alors les yeux et, la gorge nouée, me marmonna un « ça va » pathétique. Je compris qu'il me mentait et, percevant sa tristesse, je ne voulus pas l'embarrasser davantage car je le sentais au bord des larmes. Intérieurement, et sans me l'avouer, je me préparais au drame...

Mes frères et mes sœurs devaient être bien malheureux, je le sentais, et j'en souffrais, ne pouvant être auprès d'eux.

Mon père était mort loin de moi. Je n'avais rien pu faire pour lui. Je me sentais si faible, si pauvre devant un tel drame. Tant de choses me semblaient insurmontables ! Mon bras qui ne guérissait pas, notre situation familiale... Je n'avais même pas pu lui témoigner une dernière fois d'un peu d'amour ! C'était bien la seule chose que j'aurais pu lui donner mais, hélas nous avions été séparés.

Plus tard, lorsque je serais adulte et commencerais à gagner ma vie et à fonder un foyer, un rêve persistant me hantera longtemps : la vision de mon père tapant à ma porte, mal vêtu et me demandant de l'aide. Dans ce rêve j'étais alors infiniment heureux et fier de l'accueillir, de le soigner et de l'abriter sous mon toit, lui promettant enfin le bonheur.

Hélas, ces rêves à répétition me laissèrent toujours cruellement triste à mon réveil. Ils disparaîtront définitivement aux alentours de mes trente-deux ans. Je dirai pourquoi.

Le silence s'installa et personne ne me parla plus de lui jusqu'à ma sortie de l'hôpital un an plus tard. Que de larmes ai-je versées avant de m'endormir chaque soir ! Les enfants sont très forts, j'en ai fait l'expérience dans ma chair, car j'ai tenu, seul avec mon immense chagrin, sans jamais en parler à personne durant plus d'un an.

J'ai mesuré par la suite, longtemps après ma détresse, combien le Seigneur avait été bon de m'envoyer Marie juste à ce moment-là.

*CHAPITRE VIII*

# ALLAIS-JE PERDRE MON BRAS ?

Ma vie continua, calme en apparence au quatrième étage de Léon-Bérard. L'affection visible du personnel me soutint considérablement. Je fus très aimé et ne l'oublierai jamais. Mon état de santé s'aggravait. Je devais par-dessus tout cela, désobéir aux médecins qui m'avaient interdit, je l'écrivais plus haut, les baignades à la plage. Je ne pouvais plus supporter de voir mes camarades se baigner sans moi.

De mon bras continuait de s'écouler par la fistule un liquide très fluide nécessitant ainsi un pansement permanent pour me protéger de toute infection et éponger ce liquide. Un jour de baignade, sur la plage de l'Almanarre, n'y tenant plus, j'enlevai le pansement et me joignis à la baignade collective en trompant la vigilance de Jean-Bernard. À cette époque, je me souviens, une sortie d'égout débouchait sur cette plage ! J'y étais ce jour-là en plein centre !...

Le résultat ne se fit pas attendre. Deux jours plus tard le liquide sortant de mon bras (que les docteurs appelaient « sérosités ») et qui était très fluide, propre et indolore devint épais, jaunâtre et extrêmement douloureux. C'était du pus. Mon bras était infecté. Durant des mois des quantités importantes de pus en sortirent. Il me semblait que cela ne finirait jamais. Je perdis toute confiance dans les médecins. Certainement très influencé par mes lectures je me mis à prier comme un ultime recours. Sainte Rita (patronne des cas désespérés) fut celle vers laquelle allèrent le plus grand nombre de mes prières. Je mettais l'une de ces images sur mon pansement en espérant retrouver mon bras complètement guéri le lendemain matin. J'ai même écrit au Padre Pio qui était encore vivant à cette époque à San Giovanni Rotondo ! Ce courrier qui resta sans réponse (écrite du moins) m'a toujours laissé songeur pour la suite de mon histoire et, sans chercher à tout prix l'« extraordinaire », je dois dire que j'y repense quelquefois avec un certain questionnement. À la lumière des événements à venir je me demande si je n'ai pas été exaucé ?

La nuit, sous la pression du pansement, le pus s'accumulait dans mon bras et l'on me retrouvait au petit matin complètement écrasé par des montées de fièvre épouvantables qui ne s'arrêtaient qu'après l'éjection totale du pus. Ce chaud et froid quotidien m'exténuait. Je passai quotidiennement de 36, 5 ° le soir à 41 ° de température le matin sous l'œil presque désinvolte des médecins. Seule Marie-Jeanne, qui vivait à mes côtés dans le service, s'intéressait à la gravité de mon état et contribua de façon efficace à secouer un peu le laisser-aller du corps médical de Léon-Bérard. Mon bras pourrissait dans l'indifférence générale !

Une deuxième opération, un curetage de la partie infectée et le retrait de la moitié de la greffe osseuse n'y changèrent rien non plus… Au contraire, les docteurs eurent la riche idée de me replâtrer le bras après l'opération, ce qui rendit complètement inaccessible la plaie. L'infection continua de plus belle mais cette fois à l'intérieur du plâtre ! Dans les semaines qui suivirent une odeur pestilentielle apparut, me rendant inabordable pour mon entourage. Cela devenait très angoissant. Je ne me souviens plus du temps qui s'écoula entre chaque opération mais cette affaire prenait pour moi une tournure dramatique. Il m'était impossible de prendre du poids tant j'avais été secoué par les anesthésies et les fièvres à répétition. Mon état de santé devenait très préoccupant. J'ai su longtemps après (heureusement pour moi) qu'il avait été fortement question de m'amputer le bras !

Devant l'odeur nauséabonde s'échappant de mon plâtre et l'insistance maternelle de Marie-Jeanne les docteurs décidèrent de pratiquer une « fenêtre » dans le plâtre afin de dégager la plaie pour constater son état.

À l'ouverture ce fut une vision d'horreur, et je perçus à cet instant précis la gravité de mon cas sur les visages consternés des docteurs et de Marie-Jeanne. L'odeur était insoutenable et se répandait dans tout le bloc opératoire. La partie du bras visible, l'humérus, était noire comme du charbon. Le bras, rongé par le pus, était d'une maigreur cadavérique. En évoquant ce souvenir je ne comprends toujours pas comment je n'ai pas perdu connaissance en découvrant l'ampleur des dégâts. Je n'avais plus aucune sensation physique, tout le haut de mon bras semblait mort.

Du mieux que je me souvienne, plus rien ne m'affectait. Il me paraissait même possible de supporter davantage encore tellement je m'habituais à mon état. J'allais de déception en déception avec une attitude de plus en plus bizarrement passive. Je crois que la foi me soutint durant cette période. Oh ! Elle n'était pas bien forte cette foi, toute bâtie autour de lectures édifiantes, mais elle avait le mérite d'exister à l'état embryonnaire. Je crois qu'elle était pure et sincère et qu'elle aura plus d'importance pour mon avenir que ce que je voudrai bien lui en donner par la suite.

Dieu est fidèle, moi je ne le serai pas toujours...

Le scoutisme, je dois le dire, entretint beaucoup cette foi d'adolescent.

Une douloureuse histoire me marqua très sensiblement à cette époque. Une anecdote qui aurait pu ébranler sérieusement ma foi et surtout le crédit des prêtres. Or je compris presque instinctivement que Dieu n'était pour rien dans cette triste affaire. Voici les faits, j'en fut profondément mortifié : Jean-Bernard nous emmena, la troupe de scouts, en ballade sur la presqu'île de Giens. C'était un dimanche. Le matin nous n'avions pas pu aller à la messe. Il se proposa de nous y conduire le soir avant de réintégrer l'hôpital. Il y avait une messe vers 18 heures au petit village de Giens. La troupe rentra dans la petite église. La messe était commencée depuis peu, le prêtre était seul, sans enfant de chœur pour servir la messe. Jean-Bernard me fit comprendre qu'ayant mon brevet d'acolyte (enfant de chœur pour les non-initiés) je me devais, selon la coutume scoute, de me rendre à l'autel et me mettre silencieusement à la disposition du prêtre. Le rituel d'avant le concile Vatican II encourageait ce genre d'initiative ; il n'y avait donc rien de choquant dans cette démarche. Bien au contraire.

Personnellement je ne tenais pas trop à me faire remarquer, j'étais bien trop timide pour avoir le courage de monter seul à l'autel sous les regards des fidèles massés dans l'église.

Jean-Bernard insista, il crut bien faire, et je finis par lui obéir. Après tout il était mon chef et je lui devais obéissance. Très gêné et quelque peu embarrassé je m'agenouillai devant l'autel. Je perçus bien à ce moment un regard de surprise inamical de la part du prêtre mais ne pouvais me douter de la suite des événements. L'office se déroula normalement jusqu'à la quête. Là il y avait deux paniers, le prêtre en prit un, je me saisis de l'autre et nous descendîmes chacun de notre côté et dans une parfaite harmonie les allées latérales. Selon toute logique nous allions nous retrouver au fond de l'église et remonter ensuite, côte à côte, l'allée centrale jusqu'à l'autel pour y déposer, ensemble, les offrandes.

Jusqu'au bas des allées tout se déroula normalement. Il n'y avait que le bruit des pièces de monnaie dans l'église silencieuse. Nous arrivâmes en bas, le prêtre et moi. Je me retrouvais pour la première fois depuis le début de la messe face à lui. Il devait attendre ce moment je crois bien car il s'arrêta net, me fixa durement et me dit tout fort, rompant le silence général : *« qui vous a autorisé à faire cela ? »* Et il me fit signe d'aller déposer le panier.

Il me sembla que les voûtes se décrochaient, je cherchais d'un regard désespéré Jean-Bernard. Je ne vis rien ni personne. Je me trouvais seul face à cet homme de Dieu qui semblait m'en vouloir ! Je n'avais rien fait de mal, bien au contraire, et d'un seul coup, d'un seul, en plein silence religieux, dans une église en prière, une espèce d'injustice divine s'abattait sur moi. Je ne pus rien dire, foudroyé que j'étais par tant d'infamie ! Je remontais l'allée centrale, seul, couvert de honte sous les regards de tous. Je retournai à ma place parmi les scouts et là je me mis à trembler tant le choc émotionnel avait était violent pour l'enfant hypersensible que j'étais. On dut me faire sortir de l'église et je mis un long moment avant de me ressaisir. Je ne comprenais vraiment pas ce qui venait de se passer et pourquoi cet homme, un prêtre, avait été si dur envers moi.

Je sus après, par Jean-Bernard, que cela avait bien failli se terminer en pugilat dans la sacristie entre tous les deux à la fin de la messe !

J'en ai longtemps voulu à ce prêtre de l'humiliation publique qu'il m'infligea ce jour-là, mais jamais je n'en ai rendu Dieu responsable.

La grâce, sans doute, suppléa à la défection de cet homme.

C'est un peu cet événement et ma saine réaction qui me font dire aujourd'hui que ma foi de cette époque était bonne et vraie.

Ce prêtre était, paraît-il, coutumier de ce type de scandale paroissial... Je lui ai pardonné depuis bien longtemps et je le garde dans mes prières avec une véritable affection.

Mais l'état de mon bras s'aggravait. Après avoir tenté d'enrayer l'infection par toutes sortes d'antibiotiques aussi inefficaces les uns que les autres, les docteurs décidèrent de m'opérer une troisième fois.

Ils me firent un « curetage » pour enlever tout le reste de la greffe. Ce fut un véritable chantier selon les dires de Marie-Jeanne qui, très inquiète, tint à assister du début à la fin à cette opération de sauvetage de mon bras. Elle fut très impressionnée par la force et la détermination avec lesquelles le chirurgien s'acharna sur mon os pour combattre l'infection. Elle me dit, plus tard, que les couloirs du bloc opératoire résonnèrent du bruit effrayant que firent les grattages vigoureux et forcenés du métal sur mon humérus infecté.

Si les docteurs envisagèrent l'amputation de mon bras j'imagine que ce dut être à ce moment-là.

Moi, je dormais… D'un sommeil d'anesthésie qui vous laisse sans rêves et sans soucis. Je prenais goût à ces sommeils profonds. Ils me permettaient pendant une heure ou deux d'oublier tous mes malheurs.

## *CHAPITRE IX*

# RETOUR À LA MAISON

Le chirurgien, M. A., et ses assistants étaient assis à un bureau, les radios de mon bras devant eux. J'étais là, debout, résigné à tout entendre une fois de plus comme sentence médicale. Mes trois années d'hospitalisation prolongée régulièrement de deux mois en deux mois pour cause de non-guérison ou d'aggravation m'avaient préparé à toute éventualité sauf à celle qui suivit.

Le Dr A., bras tendu vers la lumière regardait ma radiographie. Combien de fois l'avais-je vu faire ce geste ? Je ne savais pas lire mes radios bien sûr mais je lisais dans son regard les mauvaises nouvelles qu'il allait m'annoncer de manière quasi invariable. Là je ne vis rien, ce fut très rapide car il avait dû faire son diagnostic avant mon arrivée dans le bureau. Avant de me parler il regarda une dernière fois la radio comme pour se confirmer ce qu'il allait me dire : « André, c'est un miracle, tu es guéri, ton os s'est reformé tout seul. Tu peux rentrer chez toi, il ne se cassera plus ! »

Il semblait ne pouvoir expliquer cette guérison, il tenta cependant de le faire en m'indiquant que l'os s'était reformé suite à la stimulation violente du curetage effectué deux mois plus tôt. Tout ce qui avait été tenté par la médecine avait échoué, la greffe irrémédiablement rejetée, mon organisme s'était en quelque sorte débrouillé tout seul. Il devait bien sentir quelque part que cette guérison inattendue lui échappait un peu...

Mais c'était un homme juste et honnête. Je le vis sincèrement heureux et soulagé de m'annoncer cette guérison. Je garde de lui un bon souvenir car je sais le mal que j'ai dû lui donner. Dans cette affaire nous n'avions pas eu de chance tous les deux.

Aujourd'hui une rue de Hyères porte son nom.

Il me fallait donc quitter l'hôpital. Je n'en étais pas particulièrement heureux car je ne savais pas très bien ce que j'allais retrouver à Marseille dans ma famille. Trois années c'est long dans la vie d'un adolescent, le temps n'a pas encore pris l'accélération de la vie adulte. Ces trois années avaient été pour moi, en dehors des souffrances physiques, très enrichissantes et je peux dire, aujourd'hui, qu'elles auront modifié de manière significative le cours de mon existence.

L'influence intellectuelle de M. Bouillaguet et celle, remplie de sagesse, de son épouse Marie-Jeanne n'y furent pas pour une mince part.

Le personnel de l'hôpital, Jean-Bernard en tête, me témoigna une dernière fois son affection en organisant une collecte pour moi en signe d'au revoir. Beaucoup essuyèrent des larmes, je vis bien qu'ils m'avaient tous beaucoup aimé et cela me fit chaud au cœur. Un morceau de ma vie restait avec eux. Jamais je ne les oublierais.

Je revins à la Belle-de-Mai dans notre pauvre appartement. Les petits frères et sœurs avaient grandi. Je ne demandai rien concernant mon père. François était là, installé à demeure. Il se passa une quinzaine de jours avant que ma mère ne vînt m'annoncer officiellement la mort de mon père. Je lui dis que je savais depuis le début. Elle m'expliqua alors en pleurant les conditions de sa mort que je ne connaissais pas. Il était parti le matin du 5 janvier 1965 pour aller travailler, il s'était senti mal. Il est alors rentré dans un couloir de la rue Loubon, à la Belle-de-Mai, pour s'asseoir sur les marches de l'escalier et là il est mort, seul. Il avait cinquante et un ans.

Ma mère était dorénavant avec François. Rien n'avait vraiment changé pour nous, les enfants, dans le comportement du nouveau couple. François buvait aussi et les disputes étaient fréquentes. Quelle différence pour moi avec le calme des soirées de l'hôpital !

J'en voulais à cet homme d'avoir pris la place de mon père.

J'avais annoncé à ma mère mon désir d'être prêtre et de rentrer au séminaire pour continuer des études. Je crois qu'elle en était heureuse mais un peu dépassée par la nouvelle. François, lui, qui « bouffait du curé » à longueur de temps, crut bon de me rappeler que mon père n'aurait jamais été d'accord avec ce choix et que je devais abandonner au plus vite cette idée.

M. Bouillaguet m'avait donné le goût des études et je souhaitais vivement les continuer. Le séminaire semblait pour moi un moyen d'y parvenir et cela même si la vocation ne persistait pas par la suite.

Ils m'emmenèrent voir le directeur de l'école de la Belle-de-Mai que j'avais quittée trois ans plus tôt. J'annonçai avec fierté et une grande confiance en ce monsieur mon désir de continuer à m'instruire. Il me questionna de manière désinvolte sur le niveau de mes connaissances et il ne lui fut pas difficile de constater qu'elles étaient très inégales. Mon amour immodéré du latin et de la poésie, ajouté à la grande liberté qui m'avait été donnée de pouvoir jouir paisiblement de ces matières à l'hôpital au détriment des très utiles mathématiques, lui firent conclure sans difficultés qu'il me fallait de sérieux cours de rattrapage. Seulement voilà, cela coûtait cher et son établissement (public) ne pouvait assurer de tels cours. Alors, ayant certainement d'autres occupations plus urgentes que mon avenir et se voulant rassurant avant de me livrer à mon sort, il déclara qu'il valait mieux que j'aille travailler. Puis, se tournant vers moi il me gratifia d'une ultime leçon (gratuite) d'instruction civique : « Mon garçon, sache qu'il n'y a pas de sot métier mais que de sottes gens. » François et ma mère acquiescèrent d'un même élan. Je compris, ce jour-là, que les études n'étaient pas accessibles aux pauvres. J'en garderai longtemps une grande amertume que seules la lecture et la poésie atténueront.

Je compris alors très vite que mon avenir personnel ne faisait pas, et à juste titre, partie des priorités familiales. Nous étions nombreux et il fallait que je travaille. Si cela ne devait pas rapporter beaucoup au moins il n'en coûterait rien.

L'idée du séminaire s'effaça progressivement devant les problèmes du quotidien ; ma vocation, mort-née, se dessécha comme une fleur par manque d'eau. Ma foi non nourrie disparut et je ne mis plus jamais les pieds dans une église. *Il me resta néanmoins de ce court passage mystique une grande tendresse pour Marie… C'était en 1966. J'avais seize ans.*

À l'hôpital j'avais suivi quelques cours de reliure dans un atelier prévu à cet effet. Ce métier contribua aussi, je dois le dire, à mon amour des livres. François me trouva donc un travail d'apprenti relieur dans un atelier marseillais. Habilement manipulé par le patron il ne trouva pas mieux que d'accepter de signer pour moi un contrat d'« apprenti sans salaire » d'une durée de trois ans ! Depuis ma propre histoire je n'ai jamais plus entendu parler de tel contrat digne du XIX^e^ siècle. En effet suivant les règles de ce contrat le patron pouvait être seul juge de payer ou ne pas payer l'apprenti et j'avoue que le mien ne se priva pas souvent des avantages que lui procurait une telle clause. Je ne fus pas souvent payé ! Ou si peu, tout en travaillant très dur. Moi, sortant du cocon de l'hôpital je pensais naïvement que la situation était normale. Tout au long de ces années d'apprentissage mon patron prit grand soin de me préserver de tout contact avec l'extérieur qui aurait pu me révéler l'anormalité de mon statut. C'était un homme redoutablement intelligent, très malin, artiste et véritablement imprévisible dans son comportement. À bien y réfléchir aujourd'hui je ne regrette rien car j'aurai, à son contact, appris beaucoup de choses.

À la Belle-de-Mai, où nous étions logés de manière très insalubre, nous attendions depuis de nombreuses années d'être relogés dans une HLM. Nous finissions par ne plus rien espérer. Pour moi la perspective d'habiter une HLM me semblait aussi inaccessible que de loger aujourd'hui dans le château de Versailles. Pourtant un jour, la nouvelle nous parvint qu'un logement nous était attribué dans les HLM de la cité de Frais-Vallon. Lorsque l'on connaît ces immenses cités de banlieue toutes de béton, il est tristement amusant de voir les noms dont on les a affublées, Frais-Vallon, les Flamands, la Rose, etc. J'étais tout de même heureux d'y être et malgré le bonheur d'avoir enfin un appartement décent, cela m'éloigna de cinq kilomètres de mon lieu de travail. Il était hors de question de prendre le car tous les jours – même cela était un luxe –, et encore moins d'acheter une mobylette. Je fis donc l'aller-retour tous les jours à pied, mangeant un sandwich le midi. Durant ces marches quotidiennes en pleine ville je réfléchissais beaucoup. Ma vie à l'hôpital et son confort étaient loin et je trouvais la vie bien dure. Ma seule évasion était la lecture et la poésie. J'apprenais par cœur des poèmes entiers et me levais en pleine nuit pour demander à ma sœur Chantal de me les faire réciter ! Je lisais très tard dans la nuit à la lueur d'une bougie pour ne pas dépenser du courant. Je passais mes rares congés à la bibliothèque de Marseille où j'avais réussi à me payer un abonnement. Je lisais sur place les livres qu'on ne pouvait emporter et j'en prenais d'autres pour lire à la maison. J'écrivais déjà mes premiers poèmes. Voici l'un des tout premiers. La solitude et la nostalgie qui peupleront mes jours à venir pointaient timidement au cœur de ces vers d'adolescent.

*SOLITUDE D'UN JOUR DE PLUIE*

*Triste journée de pluie*
*Grise journée de pluie*
*Le ciel a mis le deuil*
*Le soleil son linceul*
*Et moi ma solitude*

*Penché à ma fenêtre*
*Je vois mourir et naître*
*Sans fin des gouttes d'eau*
*Le temps ce lourd fardeau*
*M'emplit de lassitude*

*Et les murs noirs la veille*
*De poussière pareille*
*Aux pleurs des jours qui fuient*
*Se déchargent et s'essuient*
*De leur décrépitude*

*Et dans ce grand silence*
*Comme une confidence*
*J'écoute les doux chants*
*Des ruisseaux trébuchant*
*Dans cette platitude.*

*Marseille,*
*le dimanche 14 avril 1968.*

À la maison l'ambiance devenait de plus en plus insupportable et les disputes quotidiennes. Tous les soirs nous y avions droit. Cela devenait intolérable pour moi. Les disputes étaient violentes. Un soir l'une d'entre elles le fut particulièrement, si bien que pour la première fois je dus m'interposer entre François et ma mère.

J'étais devenu un homme plus fort que lui, je le compris instantanément, je compris aussi à l'instant précis que l'un de nous deux était de trop sous le même toit et après l'affrontement que nous venions d'avoir il m'était impossible de rester à la maison… Je décidai donc de partir le soir même, précipitamment, sans demander mon reste. Dans le tumulte et la confusion de la querelle j'entendis ma mère me supplier de rester et François de lui répondre : « Ne t'en fais pas, quand il aura faim il reviendra. » Il avait raison sur un point, j'ai eu quelquefois faim… mais je ne suis pas revenu.

Je venais en un éclair, sans y être aucunement préparé, de tourner une page importante de ma vie. Dorénavant, j'étais seul, dans tous les sens du terme.

C'était le 12 octobre 1967… J'avais dix-sept ans.

## *CHAPITRE X*

# VINGT FRANCS EN POCHE POUR TOUT BAGAGE

*VAGABONDAGE*

*Ce soir poète errant sans demeure ni toit*
*Libre comme le vent et plus riche qu'un roi*
*Avec pour seul trésor cette chaleur immense*
*Que la nuit seule apporte au vagabond qui passe*

*Les chemins me sont beaux sous les astres vibrants*
*Les arbres semblent hauts et mes rêves sont grands*
*Si grands que le Soleil ne pourra les détruire*
*Quand l'aurore viendra de ses mille feux luire.*

J'avais vingt francs en poche en quittant la maison. Juste le prix d'un billet de train pour Toulon. J'écrivis ces deux strophes en parcourant à pied, dans la nuit, les vingt kilomètres me séparant de l'hôpital où j'avais été heureux.

Les accents maladroitement rimbaldiens de ces vers évoquent un peu l'étrange liberté que j'étais en train de découvrir. J'y repense quelquefois avec émotion ; jamais, en effet, je ne me suis senti aussi libre que ce soir-là où je n'avais plus rien à moi que mes seuls habits. Pas d'argent, plus de toit, libéré de tout. Depuis ce jour, jamais je n'ai eu peur de la pauvreté pour moi tout seul. Je la redoute pour ma famille, mes enfants. Pour moi ce pourrait être une douce compagne. Ne rien posséder est un trésor, j'aime et j'envie en cela les ordres religieux pauvres. Jamais depuis je n'ai vécu aussi intensément l'instant présent, rien devant, rien derrière. La liberté seule et nue. Quand on a goûté à cette liberté on ne peut plus l'oublier. Je crois bien avoir été un peu heureux sur cette route étoilée. Elle ne fut pas longue à parcourir tant je me sentais léger, j'aurais bien voulu que la nuit dure plus et que ce chemin fût plus long encore.

Je me souviens m'être arrêté peu avant Carqueiranne devant un oratoire dédié à Marie. Je ne sais plus si j'ai prié mais je sais que je l'aimais toujours, la Sainte Vierge. Si bien que j'ai cueilli une fleur des champs (un coquelicot je crois) pour la déposer à ses pieds avec un infini respect en hommage à celle qui, la première, était entrée dans ma vie d'enfant pour me consoler. Je ne lui ai rien demandé cette nuit-là, mon geste était gratuit, je l'aimais simplement, je voulais qu'elle le sache.

Plus tard, la vie aidant, j'ai oublié le geste dérisoire de cette pauvre fleur morte coupée posée à ses pieds par un adolescent seul dans la nuit. Mais plus tard, beaucoup plus tard encore, après bien des années d'oubli, ce souvenir remontant à la surface, je sus que la fleur était restée vivante dans le cœur de Marie…

Ce fut mon dernier vrai geste religieux. Il fut pour Elle, un peu comme un au revoir, car je ne le comprenais pas encore mais la foi me quittait.

Devant moi le jour, solaire, se levait au-dessus de Hyères, mais une nuit de plus en plus épaisse allait m'envahir.

Au petit matin j'arrivai chez Jean-Bernard et Colette qui ne m'attendaient pas bien sûr, mais, connaissant ma situation familiale, ils ne furent pas très étonnés de mon escapade. Ils appelèrent Mme Bouillaguet pour, ensemble, me venir en aide. Je leur expliquai avec une détermination farouche qu'il n'était plus question pour moi de réintégrer le domicile familial.

À Marseille mon patron s'était évidemment aperçu de mon absence et était rentré en contact avec mes parents. Ils déduisirent facilement que je devais être à Hyères sans avoir besoin de faire appel aux gendarmes. Mon patron prit les choses en main, contacta Mme Bouillaguet et Jean-Bernard et parvint à les convaincre de me laisser revenir à Marseille, leur promettant de m'assurer un logement et que je continuerais mon travail chez lui.

Cela se passa ainsi, je n'avais guère le choix. Je revins à Marseille. Mon patron me donna une chambre de bonne au dernier étage d'un immeuble de la rue de la République au-dessus de son appartement. Il n'y avait pas d'eau, les toilettes étaient dans le couloir mais je ne me plaignais pas, j'avais connu bien pire.

Quelque temps après, j'allai voir un juge pour enfants afin de demander mon émancipation (la majorité à cette époque était à vingt et un ans). Certainement pour éviter toutes contrariétés, comme ma mère était accompagnée de François, il accepta et je me retrouvai ainsi définitivement responsable de ma vie et de mes actes. J'étais bel et bien seul, mes frères et mes sœurs me manquèrent souvent. Je rentrais le soir dans ma chambre, quelquefois sans manger, ou si peu, pour économiser le maigre salaire octroyé par mon patron. Je lisais beaucoup. Rimbaud, Verlaine, Apollinaire et d'autres furent mes seuls amis de solitude. J'écrivais aussi les premiers poèmes qui commenceront à parler de la solitude mystérieuse qui prenait racine en moi.

Je crois bien n'avoir rien désiré à cette époque, mon sort me semblait normal, la banalité des jours était mon quotidien. Pour y remédier un peu je m'étais créé un monde secret que je ne partageais avec personne. J'avais hâte le soir de rentrer pour écrire ou lire.

Mes journées de travail étaient très dures. Mon patron était un homme hors du commun dans le meilleur et le mauvais sens du terme. Il bouscula en moi toutes les habitudes de l'enfant de quartier que j'étais.

C'était un artiste, original, un poète, déplaisant souvent pour les esprit communs, attachant toujours par son amour effréné de la vie. J'étais timide et hypersensible : il m'habitua, peut-être sans le vouloir, à regarder la vie en face avec humour et dérision. Je crois aujourd'hui lui devoir plus que le métier qu'il m'enseigna. Il m'apprit à dédramatiser mes problèmes. Brutalement, sans ménagement il me posa devant les réalités de la vie. Cet homme, ce « mécréant sans acharnement » comme il se nommait, imprima sur la pellicule vierge de mon adolescence une marque indélébile, celle de mon identité propre. Il me fit sortir du troupeau. Je pris conscience à son contact que je n'avais rien à redouter de la bêtise commune, je pris naturellement de l'assurance. Ce ne fut pas sans douleur car il était véritablement imprévisible, tout lui semblait bon pour sortir du cadre traditionnel et des sentiers battus. Peut-être étais-je prédestiné mais je crois, en bonne partie et en toute justice, lui devoir mon sens de l'humour et de la relativité des malheurs de l'existence. En trois ans d'apprentissage il me libéra de ma gaucherie d'adolescent. Après lui je ne fus plus le même. Durant ces trois années il me malmena, me bouscula sans ménagement, mais je crois, en tout cas, avec la claire conscience de vouloir m'aider. Il me fit faire sans sourciller des choses que le bon sens commun me faisait rejeter. Il m'apprit ainsi à me distinguer des esprits bien-pensants qu'il avait en horreur.

Moi qui aspirais naturellement au calme et à la normalité je me pris secrètement à aimer cette espèce de folle anarchie sociale. Son originalité fut loin de me laisser indifférent, j'y pris même un goût certain.

Seulement voilà, je ne gagnais pas ma vie chez lui. Étant si démuni je ne pouvais rien envisager pour le quitter, je dépendais entièrement de lui pour le logement, comment faire et où aller ? Problème insoluble pour moi. Le plus clair de mon temps je le passais à l'atelier de reliure et d'imprimerie et le soir je gardais même ses enfants, j'étais par mon dénuement matériel complètement coupé du monde : aucune issue.

Ma seule évasion toujours, et à peu de frais, la lecture et la poésie.

Pendant ce temps Mai 68 grondait un peu partout. Mes problèmes étaient tels que cette révolution ne me concernait guère. Elle était pour moi une révolution de « gosses de riches ». Je ne parvenais pas à comprendre ce que voulaient les étudiants. Ils parlaient, parlaient sans cesse, je ne percevais pas ce qu'ils pouvaient bien vouloir. En effet, ils avaient, eux, la chance de faire des études payées par leurs parents, moi je travaillais sans relâche en n'étant pas payé et en rêvant secrètement d'étudier !... De plus, le moindre apprenti gagnait dix fois plus que moi. J'étais vraiment seul et isolé à n'y rien comprendre.

Autour de moi, dans le quartier, lieu de mon travail, quelques personnes me voyaient travailler comme un forcené et comprenaient bien que je n'étais pas payé de mes efforts. L'une d'entre elles, Paulette, plus attentionnée que les autres devant l'exploitation que je subissais, me prit à part et me donna quelques conseils. Il y avait, me dit-elle, une imprimerie sur Aix-en-Provence qui recherchait un employé pour l'édition d'un journal automobile et elle me conseilla de m'y présenter.

Aix semblait bien loin pour moi, si peu habitué aux grands déplacements. Cependant, je pris mon courage à deux mains et m'y rendis en car.

Après quelques hésitations de la part des patrons ils décidèrent de m'embaucher certainement plus pour la modestie de mes ambitions financières que pour mes compétences du moment. J'avais encore tout à apprendre du métier d'imprimeur. Je franchis donc, non sans mal, le pas pour venir sur Aix. Dans mon esprit j'imaginais que cette ville devait être une étape pour commencer un périple professionnel à travers la France.

J'avais décidé, à tout prix, de fuir Marseille et mes malheurs.

Je ne pouvais savoir alors que cette première étape serait aussi la dernière, car j'allais y rencontrer Martine qui deviendrait mon épouse.

J'avais dix-neuf ans. Dix années s'étaient écoulées depuis l'arbre de mon école et toujours rien d'heureux à l'horizon.

*CHAPITRE XI*

# COMME UNE FLEUR SUR UN TERRAIN VAGUE

Je ne peux penser à cette époque sans évoquer un fait qui me marqua profondément et qui se révéla pour mes années à venir d'une importance capitale.

Dans le même bâtiment que mes parents habitaient un couple et leur jeune fille de quinze ans, une enfant magnifique : Alice. Dans ce milieu dur de la cité de Frais-Vallon à Marseille, Alice, par sa gentillesse, sa grâce, sa fraîcheur et sa bonne éducation semblait être posée là comme une fleur sur un terrain vague. Ses parents l'avaient eue alors qu'ils étaient déjà assez âgés et l'on sentait bien qu'Alice était toute leur vie. Son papa ne la quittait jamais et sa maman était illuminée de bonheur. Cette dame était croyante et allait régulièrement à la messe.

Le 27 mars 1969 Alice mourut subitement d'une tumeur au cerveau.

Dans la cité ce fut la consternation. Personnellement je n'avais jamais trop parlé à Alice, nous avions quatre ans d'écart, mais sa mort, la mort si proche d'une enfant m'emplit d'une grande tristesse. Si je parle d'elle aujourd'hui ce n'est pas en souvenir de cette tristesse mais plutôt de l'espérance que fit naître en moi la réaction de sa maman ; sur le lit de mort de son enfant cette dame avait osé prononcer ces paroles terribles : « *Le*

*Seigneur me l'a donnée, le Seigneur me l'a reprise, que sa volonté soit faite.* » Cette résignation scandalisa tout le monde. Les gens pensèrent qu'elle était devenue folle pour dire des choses pareilles, personne ne comprenait.

Moi je savais qu'elle n'était pas folle. Je savais que par-dessus la douleur inhumaine de cette maman, au cœur même de cette douleur, la force colossale de la foi agissait.

*Pour la première fois de ma vie ce n'était pas les livres ni les sermons des prêtres qui me parlaient de Dieu mais le cœur broyé d'une mère.*

La force de ce témoignage ne se démentit jamais pour moi. Lorsque des années plus tard ma foi sembla disparaître complètement, lorsque la nuit s'installa en moi, il me resta comme lueur imperceptible pour me guider dans la nuit les pauvres mots de cette femme anéantie par la douleur. Ces mots-là m'ont permis d'espérer un peu du fin fond du désespoir dans lequel je devais m'engouffrer. Je ne pus jamais me résigner à penser que cette maman se trompait. Par intuition profonde et inexplicable je compris simplement que quelqu'un l'habitait, la soutenait, l'aimait au plus profond de son être et que ce mystérieux et merveilleux habitant de sa vie était beaucoup plus fort que la mort d'Alice.

Dans les rues de Marseille, les larmes aux yeux, me rendant à mon travail, je composai mentalement ce poème :

*ALICE*

*Il est des fleurs qui sont si belles*
*Que le ciel en devient jaloux*
*Chaque étoile est une immortelle*
*Que la nuit a prise pour bijou*

*La mienne s'appelait Alice*
*Elle avait dans ses yeux la mer*

*Et la fraîcheur pure d'un lys*
*Elle est partie un soir d'hiver*

*Alice morte encore enfant*
*Je me souviens de ton sourire*
*Et j'y repense bien souvent*
*Dans l'ombre de mes souvenirs*

*Je voudrais tant dire à jamais*
*Ce qui fait que mon cœur espère*
*De retrouver ceux que j'aimais*
*En d'autres lieux que cette terre.*

La dernière strophe je l'écrivis en pensant à mon père aussi. Je sentais au plus profond de moi-même que rien ne pouvait me séparer de lui car je l'aimais et dans un ultime sursaut d'espoir je me forçais à penser que le ciel n'était pas vide, Alice et Jean devaient y être…

La mort d'Alice et les mots de sa maman creusèrent un sillon profond dans ma vie.

## *CHAPITRE XII*

# MARTINE

Décembre 1969. Je débarque à Aix pour commencer mon nouveau travail à l'imprimerie « Pleins phares ». Cette imprimerie, créée par quatre amis, mes patrons, se trouvait à la périphérie de la ville, à la Calade. Je vécus des moments très heureux à cette époque. Mon salaire me paraissait considérable, cinq cents francs par mois.

Mes quatre patrons étaient formidables pour moi. J'étais habitué à travailler beaucoup, il me semblait être en vacances chez eux. Aucun d'entre eux n'était imprimeur et la création de ce journal automobile était une véritable aventure. Ils avaient beaucoup investi pour réaliser ce projet et ils étaient remplis d'espoir que je partageais avec eux. Ils me logèrent dans un modeste hôtel en attendant que je trouve un studio.

J'étais seul sur Aix mais l'animation de cette ville avec tous ses étudiants me changea beaucoup de Marseille. Je traînais le soir dans les rues et je ne tardai pas à faire la connaissance d'autres jeunes comme moi et notamment une équipe de postiers que je rencontrais régulièrement dans un petit restaurant.

Marcel fut mon premier ami aixois. Il était seul aussi, postier, il aimait la poésie, il me fit connaître d'autres amis.

La vague de Mai 68 continuait de déferler dans l'air ambiant de cette ville universitaire. Nous étions en perpétuelle fête. Marcel était doué pour nous réunir tous et nos soirées finissaient bien tard. Nous écoutions des disques, souvent Léo Ferré, Barbara, des poèmes aussi et je sentais en moi s'élever un vent d'anarchie.

Marseille et mes nombreux soucis étaient loin derrière moi, j'avais beaucoup de temps à rattraper. Un désir forcené de vivre enfin, libéré de tout, s'empara de moi.

Certains de mes nouveaux amis étaient dans les milieux anarchistes. Je me plus avec eux à imaginer une société sans famille, ni valeurs bourgeoises. Nous rêvions de tout détruire pour vivre en communauté. Je n'ai jamais véritablement milité car cela me semblait encore une aliénation de plus. Je rêvais d'une liberté absolue sans Dieu ni maître où tout serait permis sans aucune retenue. Moi qui jusqu'à présent avais été d'une grande docilité, je me retrouvais en guerre ouverte contre la société tout entière. Je travaillais car il fallait bien vivre mais en moi s'installa un dégoût profond des valeurs sociales, tout me paraissait dérisoire et futile. Cette révolte en moi devint permanente, elle me procura d'ailleurs un sentiment étrange d'euphorie jamais connu jusqu'à présent. Je perdis peu à peu tout repère.

Écœurés que nous étions par le capitalisme et la bourgeoisie nous rejetions tout. Dans nos soirées, qui n'en finissaient pas, nous nous soûlions de paroles et d'alcool, le monde était à refaire chaque soir…

Je connus Martine. Elle habitait la Calade et sa famille était propriétaire des locaux de l'imprimerie. Je la voyais tous les jours sans y prêter attention au début, tant mon univers n'avait rien à voir avec le sien. Nous n'avions qu'un point commun : notre jeunesse. Elle était étudiante en psychologie et de parents aisés. Elle aimait la poésie aussi, cela nous rapprocha. Je venais d'un milieu très éloigné du sien mais cela ne l'empêcha pas de s'intéresser à moi ni moi à elle.

Je ne mis pas longtemps à comprendre qu'elle n'était

pas comme les autres. Elle vint souvent dans nos soirées mais ne sombra jamais dans nos excès. Elle ne remporta pas l'adhésion de tous mes copains mais elle était forte et s'en moquait éperdument. Elle savait se défendre seule et se faire respecter.

Combien de mes amis d'alors, bien disposés à mon égard, essayèrent de me faire comprendre que ce n'était pas une fille faite pour moi. Je pense aujourd'hui que c'est la médiocrité commune qui leur inspira ces propos. Martine était intelligente, saine et équilibrée, donc dangereuse pour moi et notre groupe. Dans mes délires et ma folie de cette époque, mon cœur ne me trompa jamais. Je l'ai aimée tout de suite car, elle, m'a aimé sans calcul possible ; je ne possédais rien et n'avais rien envie de posséder. Quel beau programme pour une petite jeune fille bourgeoise !... Dans mes brumes je trouvais cela infiniment émouvant. Elle me donna ainsi une raison confuse de me redresser. Cela prendra beaucoup de temps, de patience et d'amour.

*Elle fut la deuxième femme de ma vie après Marie.*

À la Calade l'imprimerie périclita au bout d'un an. Ce fut pour moi une grande déception. Mes patrons vendirent les machines et je suivis le mouvement. L'acheteur était un aventurier des affaires. J'étais désemparé de quitter la Calade. L'idée de m'éloigner de Martine m'était insupportable ! Je n'avais aucun moyen de locomotion. Pour aller la voir, je volais des mobylettes le soir. Plus rien ne m'intéressait, qu'elle.

Un soir. Je me souviens, dans une cave des immeubles de la ZUP, je volai une mobylette. Il y avait dans les sacoches quelques outils qui me firent de suite comprendre que l'engin devait appartenir à un ouvrier. L'idée de déposséder un pauvre travailleur de son seul moyen de locomotion me gêna considérablement. Je pris malgré tout la mobylette, me promettant de la remettre à sa place dans la nuit. Plusieurs soirs durant j'accomplis ainsi mon forfait en prenant soin, chaque soir, de refaire le plein d'essence et je poussais même la délicatesse jusqu'à réparer le véhicule qui tournait mal. J'ai souvent imaginé la tête de ce brave homme découvrant que sa mobylette ne consommait pas d'essence et qu'elle marchait de mieux en mieux !

Quant à moi je me trouvais bien rassuré de découvrir que je ne serais jamais un voleur…

L'imprimerie ayant déposé le bilan, mon comportement anarchique s'amplifia. J'attendais le soir pour boire avec mes amis. Je restais des jours entiers sans aller travailler tant nos soirées étaient « chaudes ». Mon nouveau patron me cherchait sans cesse. Je finis par le quitter sans réfléchir. Se firent jour en moi mes premières idées de suicide. Ces quelques vers laissent entrevoir mes pensées de cette époque.

*SUICIDE*

*Une dernière fois crier*
*Ne pas rendre les armes si tôt*
*Comme un soldat battu*
*Parce qu'il serait seul*
*Avec des morts autour*

*Une dernière fois pleurer*
*Ne pas perdre ses yeux*
*À regarder sans voir*
*Comme une eau dans le sable*

*Une dernière fois prier*
*Vers un Dieu-souvenir*
*En regrettant un peu*
*Ne l'avoir pas connu* [1]

---

1. La troisième strophe de ce poème est très émouvante pour moi. Dans ces moments de profond désespoir je ne savais pas que Dieu était beaucoup plus proche que je ne pouvais alors l'imaginer. Je sais maintenant que c'est l'humilité sincère qui séduit le cœur de

*Une dernière fois vomir*
*Avant de rendre l'âme*
*Sur ce qui aurait pu*
*Sur ce qui aurait dû*
*Être si beau*
*Être si beau…*

*[1970 ?…]*

Décidément cette vie ne m'intéressait pas. Inexorablement l'alcool prenait le dessus. Une immense et profonde solitude m'habitait. Depuis toujours elle était en moi, mais là elle enflait sans mesure. Seul baume à mon angoisse : l'amour de Martine.

Mon vide devenait sans fond mais je n'en parlais pas, espérant toujours des lendemains meilleurs avec elle à mes côtés. Durant cette période je n'avais plus de studio, je couchais un peu partout chez des amis. Avec l'un d'entre eux je trouvai un travail de manœuvre sur des chantiers. Cela dura quelques mois dans des conditions de précarité malsaines. Martine ne m'abandonna jamais, je n'étais pourtant pas reluisant ! Elle espérait sans doute pour deux, moi dans mon insouciance je me contentais de mon pauvre quotidien sans projets.

Je finis par trouver un petit appartement à Aix, rue Duperrier. Première impression d'être chez moi, fixé, un lit, quelques meubles, quel luxe !

Un nouveau travail aussi à Marseille dans un atelier de reprographie. Mon nouveau patron me descendait le matin et me remontait le soir. Je gagnais sept cents francs par mois. Je travaillais le soir aussi chez un autre imprimeur pour rembourser mes dettes. Le reste du temps je le passais avec mes amis. Souvent le dimanche j'allais chez Martine à la Calade, elle habitait avec sa

---

Dieu. En écrivant cette strophe j'étais désespérément sincère. Je voulais tellement le connaître… Je ne le savais pas encore.

grand-mère Augusta, ses parents étaient à Toulouse avec leurs deux fils Hervé et Renaud.

Sa famille voyait d'un mauvais œil mes relations avec Martine. Avec la distance je les comprends ; ils étaient en droit de mieux espérer pour leur fille. De mon côté je ne faisais pas de gros efforts pour leur apparaître sous un meilleur jour. Seul Hervé, son frère, paraissait heureux de me voir car je commençais à l'entraîner dans mes soirées de fête, il avait dix-sept ans. Renaud, lui, était encore bien trop jeune pour se mêler de tout ça.

Malgré la réticence de ses parents Martine parvint à m'imposer et je consentis progressivement à faire preuve de bonne volonté pour paraître un peu mieux à leurs yeux.

Mon travail à Marseille bien que modeste était régulier, j'avais un petit logement à Aix, mes amis et Martine, cela aurait pu me suffire mais j'attendais plus déjà sans le savoir.

*CHAPITRE XIII*

# LE MARIAGE

J'allais de plus en plus à la Calade. Je passais pratiquement tous mes *week-ends* là-bas. Augusta, la grand-mère de Martine, me recevait très bien. C'était une femme dure et énergique qui ne mâchait pas ses mots. Elle ne se gênait pas avec moi pour me dire ce qu'elle avait à me reprocher et je lui en donnais, il est vrai, souvent l'occasion. Je la respectais beaucoup car elle était droite et sans aucune compromission. Elle avait énormément travaillé dans sa vie et surmonté avec courage beaucoup de difficultés. J'eus pour elle, malgré les bousculades sans tact qu'elle me fit, beaucoup d'affection. Par le cœur je sus toujours que c'était pour mon bien qu'elle me traitait ainsi. J'admirais en elle aussi sa grande force de caractère et sa volonté à toute épreuve. « Si j'avais fait des études je serais ministre », disait-elle souvent avec le naturel et la clairvoyance des gens simples. Je pense aujourd'hui qu'elle avait raison en disant cela (c'est bon nombre de ministres qui me le laissent penser).

Son tempérament rude ne lui permettait pas de faire de confidences ni d'en recevoir, ce n'était pas son genre, mais je pense lui avoir un peu montré que je l'aimais sincèrement. Je garde pour elle une grande tendresse et je la considère comme ma grand-mère. Souvent je vais lui rendre visite au petit cimetière d'Oraison, dans les Alpes de Haute-Provence, où elle repose. Je sais bien qu'elle n'est pas là mais c'est un hommage que je tiens à lui rendre car il lui arrivait quelquefois de nous dire qu'elle craignait qu'on ne vienne pas souvent se recueillir sur sa tombe, si loin d'Aix... Elle se trompait, Augusta, car aujourd'hui nous avons une maison proche du village. Nous nous sommes rapprochés d'elle !

Ma présence permanente auprès de Martine et une amélioration notable de ma situation professionnelle (je m'apprêtais à devenir commercial) nous permirent d'envisager le mariage. Je gardais, bien sur, mes relations avec mes amis mais mon comportement devenait un peu plus sérieux, tout au moins en apparence car mon mal de vivre et mes vieux démons demeuraient en moi, à peine mis en veilleuse par le projet de vivre avec Martine.

Il me fallut, un beau jour, prendre mon courage à bras le corps et demander à M. Barat la main de sa fille. Ses parents habitaient Toulouse à cette époque et je profitai d'une de nos visites pour faire ma demande. Son père l'accueillit avec beaucoup de bienveillance. Sa confiance dans le choix de sa fille devait être bien grande car, à part mon caractère bon enfant, je ne représentais pas le gendre qu'il pouvait espérer.

Beaucoup de mes amis se dirent que j'étais perdu pour la cause anarchiste et que j'allais, à mon tour, grossir le rang des bourgeois aliénés au système. Ils ne savaient pas que j'étais, et de loin, beaucoup plus révolutionnaire qu'eux dans ma tête et que j'allais continuer, seul et à ma manière, une certaine forme de destruction : la mienne.

Je quittai définitivement mon logement aixois pour venir habiter la Calade dans un appartement au quatrième étage de l'immeuble appartenant à la famille de Martine. Il avait été préparé pour nous.

J'étais heureux, j'allais vivre avec Martine. Elle était tout pour moi et je n'avais pas très bien conscience de tout ce que cela impliquait. Je crois bien m'être laissé porter par les événements. Seul mon amour pour elle importait et je me moquais de tout le reste.

Sa famille voulait un beau mariage à l'église. Je ne le voyais pas ainsi mais sans effort j'acceptai bien volontiers, cela m'importait peu. Il fallut donc aller voir un prêtre, ce fut une corvée pour moi. Ce brave homme fit tout ce qu'il put pour m'expliquer la grandeur de notre engagement devant Dieu. Je ne retins rien de tout ce qu'il me dit. C'était une formalité administrative pour moi, mon amour pour Martine n'avait pas besoin de tout ce folklore désuet, je n'avais plus la foi. Aujourd'hui je n'ai pas oublié cet homme, le père Cornille, et s'il est toujours vivant quand j'aurai terminé ce récit j'aimerais bien le lui faire lire et lui dire aussi qu'un prêtre doit continuer à semer sans espoir de faire la récolte comme il le fit pour moi à cette époque.

La date de notre mariage fut fixée au 3 août 1974, j'avais vingt-quatre ans. Je passai sans aucune attention particulière de la mairie à l'église n'écoutant ni le discours du maire ni le sermon du curé, tous deux histrions à mes yeux d'une société que je ne parvenais pas à accepter, et ce malgré les bonnes dispositions dont je faisais preuve en ce jour par respect pour Martine et sa famille. Mais ce que j'eus le plus en horreur ce jour-là ce fut la mascarade guindée (qu'ils me pardonnent s'ils lisent ces mots un jour) de tous les invités de la noce. Mon anticonformisme chronique me faisait percevoir tout cela comme superficiel et hypocrite... La fête fut belle cependant et ma conduite décevante. Ce fut une occasion de plus pour moi de boire avec quelques amis que j'avais invités. Je n'en suis pas fier et je dus beaucoup décevoir la famille de Martine. Mais elle n'était, hélas, pas au bout de sa peine avec moi.

Quelques jours après le mariage un événement me marqua cruellement : nous avions eu beaucoup de fleurs pour la cérémonie. Les parents de Martine décidèrent d'en porter au cimetière sur les tombes familiales. Je me proposais d'en faire autant sur la tombe de mon père au cimetière Saint-Pierre de Marseille. Il y avait longtemps que je n'y étais pas retourné, l'occasion était bonne et puis au fond de moi j'étais fier de lui présenter Martine et ému de partager avec elle l'absence de cet homme qui me manquait beaucoup. Il était enseveli en terre commune et je me souvenais parfaitement de l'endroit. Je m'y rendis sans aucune hésitation, et là, ma stupeur fut effroyable ; il n'y avait plus ni croix ni tombe, seulement un trou béant, la terre éventrée, plus rien. Instantanément je compris : enfant j'avais entendu les grandes personnes parler de la « fosse commune », cet endroit du cimetière où sont enterrés les pauvres, un hébergement qui ne durait que cinq ans. Passé ce délai, il fallait payer ou transférer le corps ailleurs dans une concession familiale. Il y avait neuf ans que mon père était mort. Personne n'ayant payé, l'administration avait enlevé son corps.

Je contins ma douleur pour essayer de savoir où se trouvaient ses restes. Le gardien m'expliqua qu'ils avaient été déposés, comme beaucoup d'autres, dans un ossuaire et qu'il me serait impossible d'en déceler l'endroit précis. Par charité sans doute il m'épargna les détails de cet entassement morbide mais je compris parfaitement que l'anonymat de mon père était dorénavant définitif.

Une deuxième fois pour moi il mourait, cette fois de la mort des pauvres. Personne chez nous n'avait pu lui offrir une sépulture décente ni lui conserver le droit de reposer quelque temps encore en terre commune. Devant cette fosse ouverte mon dégoût de la société et du « fric pourri » décupla. L'argent, au-delà de la mort, faisait encore la différence !

Je repris mes fleurs, et rentrai mes pleurs. Le retour vers Aix fut lourd et silencieux, une colère sourde montait en moi, je détestais ce monde. Au bout de l'autoroute, à Aix, je dus arrêter la voiture, le chagrin me submergea, j'éclatai en sanglots sur le volant. Cela me fit du bien je crois mais la blessure, une de plus, était profonde. Seule consolation : pour la deuxième mort de mon père, je n'étais pas seul cette fois, Martine était à mes côtés.

Nous partîmes en voyage de noces. À mon retour tout semblait idyllique. Ma nouvelle situation de commercial me plaisait beaucoup, j'avais de bons résultats et la confiance totale de mon employeur, un homme que j'aimais beaucoup et qui dès le départ s'était intéressé à moi en m'apprenant avec patience mon nouveau métier : vendeur en bureautique.

Les mois passèrent. Je ne me résignais pas à ne plus voir mes amis. De temps en temps je faisais des escapades sur Aix pour aller boire avec eux ou alors je les faisais venir chez nous. Sous des allures conviviales et festives je continuais à boire de plus en plus. Je savais bien ce que mon entourage pensait : que j'avais eu beaucoup de chance en épousant Martine, que j'avais fait une bonne affaire et elle une bonne action, que tout semblait me réussir et qu'étant donné mon origine c'était inespéré pour moi d'avoir épousé une fille aussi sérieuse, bien élevée et intelligente. Tout cela je le savais bien. Ce ne fut cependant jamais pour ces raisons que j'aimai Martine mais simplement parce qu'elle seule avait su voir en moi le meilleur et non le pire. Dans les années qui suivirent, avec la patience de l'amour, elle exhuma sans relâche ce meilleur de moi-même pour le mettre au grand jour. Moi-même je ne m'en savais pas porteur. Je peux dire aujourd'hui et sans aucune dramatisation romantique qu'elle me sauva la vie. Je me noyais sous ses yeux sans aucune volonté de m'en sortir. Avec force et courage elle me maintint la tête hors de l'eau au risque de sombrer elle-même. Pour cela, et jusqu'au terme de ma vie aucune femme sur terre ne prendra jamais sa place dans mon cœur.

Toutes les apparences de la réussite me cachèrent un temps mon malaise intérieur et je crus avoir trouvé un semblant de paix.

Martine fut enceinte. Pour moi qui avais toujours aimé les enfants, ce fut une grande joie que d'attendre le nôtre. Cette attente aussi contribua à voiler le mal qui me rongeait : un vide intérieur vertigineux, un vide aspirant sans fond ni lumière, un vide glacial. Ne pouvant nommer ce mal je n'en parlai jamais à personne. Alors j'écrivis :

*Je laisserai peut-être bien*
*Passer le temps*
*Et les fantômes de ces rues*
*Et moi-même fantôme à demi*
*Laisserai-je passer ma vie*
*Sans avoir pu trouver les mots*
*Pour dire le mal qui*
*M'habite*[1].

Dans les entrailles de ma vie, je me sentais inexplicablement seul.

1. 11 janvier 1975.

*CHAPITRE XIV*

# PÈRE DE FAMILLE

*DÉSERTION*

*Un matin de novembre*
*Le dix-sept pour ne rien cacher*
*Dieu passa ses troupes célestes*
*En revue*

*Il les compta les recompta*
*Un ange lui manquait...*
*Il fit le tour de l'univers*
*Sans rien trouver*

*Se peut-il qu'on déserte le Paradis*
*Pensa-t-Il ?*
*De colère Il éteignit*
*Au ciel une étoile*

*C'était l'étoile entre toutes*
*La plus limpide dans les cieux*
*Car l'ange déserteur*
*Était son ange bien-aimé*

*Mais dans son cœur,*
*Le cœur de Dieu,*
*L'étoile resta allumée*
*Et tous les saints du Paradis*
*La virent luire dans ses yeux*

*Alors au bout du désespoir*
*Dieu sans aucune rancune*
*Ralluma l'étoile un beau soir*
*Et la baptisa : « Catherine »*

*Du nom de l'ange déserteur* [1].

Catherine arriva sur terre. Avec l'accord de Martine je lui donnai le prénom de ma mère. C'est un hommage que je tenais à rendre à celle qui avait tant souffert pour nous élever correctement malgré ses nombreux problèmes. Ce poème que j'écrivis fut certainement une manière diffuse de remercier le Dieu-souvenir de mon enfance d'avoir laissé atterrir chez nous son ange déserteur.

Dieu avait disparu de ma vie mais curieusement il ne disparut jamais de mes écrits. N'était-ce pas en fait une manière inconsciente de l'appeler à mon secours ?

Catherine nous apporta un grand bonheur. Elle naquit à la maternité catholique L'Étoile à Puyricard. Je ne comprenais pas pourquoi Martine voulait accoucher chez les « bonnes sœurs ». Quelques heures avant la naissance, je faisais antichambre et je regardais passer et repasser les religieuses toutes actives à leurs tâches respectives et vêtues d'un blanc immaculé. J'étais anxieux, nerveux, et agacé aussi de les voir défiler ainsi avec un perpétuel sourire aux lèvres…

Je voulus me servir un café, la machine ne marchait pas mais elle m'avait cependant bien avalé mes pièces de monnaie ! Je pestais contre ce distributeur en panne. Une sœur s'approcha, lumineuse, souriante, paisible, douce et calme. En un éclair fugitif je mesurai le contraste entre elle et moi. Gentiment elle s'excusa pour la machine et revint aussitôt avec un plateau complet qu'elle m'offrit simplement puis disparut, aussi

1. Aix, le 13 juin 1977.

rapidement qu'elle était apparue, pour accomplir son service. Je fut touché par tant de douceur. Elle s'était approchée de moi, si près, que j'avais dû, un bref instant, être envahi par une paix inconnue émanant de tout son être. Je restai un bon moment apaisé par cette impression mystérieuse. Jamais, jusqu'alors, je n'avais ressenti cela.

Qu'avait donc cette sœur pour me mettre dans un état pareil ? Cette étrange paix ne dura pas, mais je ne pus l'oublier.

Catherine était prématurée, il lui manquait quelques centaines de grammes. Il fallut la mettre en couveuse. Martine souffrit de ne pouvoir la serrer contre elle. Nous allions la contempler dans sa chambre de verre aseptisée. Un matin, le 25 novembre, à travers les parois de verre, près de la couveuse où se trouvait Catherine, nous aperçûmes un petit vase où trônait, splendide, dans ce décor froid et médicalisé, une fleur, posée là par nous ne savions qui.

Une infirmière nous expliqua que les sœurs, après leur messe matinale, étaient venues faire une prière auprès de notre enfant pour lui souhaiter sa fête. C'était effectivement le jour de la Sainte-Catherine !

Je ne voulais pas faire baptiser Catherine [1]. Le geste de ces sœurs me toucha si profondément que je changeai d'avis aussitôt. Par reconnaissance et amitié pour elles Catherine fut baptisée à la clinique un mois après sa naissance. Mon aversion du folklore mondain et familial nous fit célébrer ce baptême dans l'intimité de la petite chapelle de la maternité.

L'amour gratuit de ces sœurs ne fut jamais perdu dans ma mémoire, il fut posé sur mon chemin comme une

---

1. Suivant en cela le principe très primaire de la liberté de l'enfant à choisir lui-même sa religion. Qu'en serait-il si l'on faisait de même pour la langue ?

borne de lumière supplémentaire vers un avenir que je n'entrevoyais pas.

Catherine vint à la maison, la vie s'installa. Il y avait un an que nous étions mariés. J'avais beaucoup de difficultés à me faire à la vie de famille, non pas que j'y étais mal, loin de là, mais mes sorties nocturnes me manquaient et je sentais bien que Martine n'était pas disposée à me laisser faire n'importe quoi. De loin en loin mes anciennes connaissances disparurent à part certains fidèles dont Marcel le postier. Mes occasions de faire la fête, donc de boire, s'espacèrent. Je me mis à boire seul et souvent en cachette. Dans mes moments de détresse, devant mon mal secret j'écrivais toujours des poèmes et je ne comprenais rien à mes angoisses.

*Mes yeux s'en sont allés*
*Roulant dans leurs flots*
*Plusieurs milliers de choses*
*De gens d'idées et je ne comprends pas*

*Caméras d'un monde invisible*
*Mes yeux s'en vont à l'infini*
*Mais la pellicule insensible*
*De mon cœur*
*Reste vierge et sans souvenirs*

*Et si dans l'absolu*
*On me crevait les yeux*
*Je n'en serais pas plus infirme*

*Car je ne vois rien et n'ai jamais rien vu.*

*Aix, le 12 janvier 1978.*

Catherine et Jean, les parents d'André, l'année de sa naissance, à Marseille.

André, à six ans, en 1956. « L'immense instinct du cœur des enfants... »

Après l'accident dû à une décalcification, André doit porter
une prothèse de plâtre et de tiges de fer.
La torture imposée par la prothèse ne servira à rien. La famille habite
dans cette sinistre traverse Notre-Dame du Bon-Secours à Marseille.
Six personnes dans un trois pièces insalubre.

André avec ses frères et sœurs, pendant son séjour
à l'hôpital Léon-Bérard de Hyères. Il y restera trois ans.
C'est lors de cette visite qu'André pressent la mort de son père.

André, chef de patrouille dans la troupe scoute de l'hôpital.
Avec Michel, son meilleur ami et son confident des moments difficiles.

André l'anarchiste devient André l'amoureux. Il a vingt ans.

André avec sa fille Catherine, « l'ange déserteur », en 1976.
Malgré l'amour pour sa femme et sa fille, André recommence à boire.
Il pratique des expériences paranormales. La tentation du suicide le guette.
Il fréquente une secte inspirée par les ovnis et les Templiers.

En 1982, sa rencontre avec Thérèse de Lisieux bouleverse la vie d'André. Ici, devant les reliques de la petite Thérèse, en compagnie du Père Denys, franciscain et curé d'Éguilles, qui accompagna André lors de sa conversion.

André et Martine aujourd'hui. Après tant de tempêtes, la paix d'être ensemble, fidèles, et témoins des dons de Dieu.

*L'HOMME SEUL*

*L'homme seul est la fin*
*Avant d'avoir été*
*Et des chemins construits*
*Pour des gens à venir*
*Et séparé du ciel*
*Par un rideau de pluie*
*L'homme seul a le cœur*
*Énorme*
*Et les bras courts*
*L'homme seul est la vague*
*Éternelle*
*Sans le rocher : futur*
*Où briser son écume*
*L'homme seul est la vie*
*Unique et sans Amour*
*Ses yeux sont si profonds*
*Que mon cœur s'y perdrait*

*Cet homme est bien mon frère.*

Tout me paraissait vraiment dérisoire et désespérant, j'en voulais au monde entier, à la bêtise commune. Ce n'est pas que je me sentais meilleur que les autres, je n'ai jamais eu ce superbe orgueil, mais connaissant, par un mystère étrange, la médiocrité de la vie, j'en voulais au monde entier, à mes semblables, de ne pas s'en apercevoir aussi. Ils me semblaient former tous ensemble un troupeau de bovins et j'étais moi, seul avec quelques amis ayant grâce à mes yeux, perdu dans cette masse informe de bovidés.

Tous les matins je me levais pour jouer un rôle auquel je ne croyais pas. J'écrivais ces mots en parlant des autres, de mon milieu professionnel surtout, poème jamais fini :

*Ils veulent m'arracher le cœur*
*Cent fois par jour*
*Mes mots se meurent*
*En de paroles inutiles*

J'avais l'humour et la dérision pour camoufler mes pensées profondes et amères. Je rejetais d'emblée tous ceux qui ne comprenaient pas cet humour. Je fis le vide autour de moi des gens que je considérais superficiels. Les provocations outrancières de mes propos les firent fuir. Pour beaucoup de ces personnes « normales » je devins infréquentable. Cela me plaisait, je voulais choquer et j'y réussissais.

Je me fis cependant un nouvel ami : Jean-Pierre, il habitait l'immeuble. Nous nous étions connus le jour même de mon mariage, ils emménageaient avec sa jeune épouse, Claudine, et nous les avions spontanément invités à se joindre à notre fête. Ils eurent en même temps que nous un enfant : Sébastien. Ils nous demandèrent d'être parrain et marraine du petit et ils acceptèrent, eux-mêmes, d'être parrain et marraine de Catherine. Les enfants furent baptisés le même jour à la maternité L'Étoile sans fête ni flonflon comme je l'avais souhaité. Nous étions tous les quatre et les bébés !

Dès le départ, Jean-Pierre me plut beaucoup ; il était plombier, volontaire et très courageux au travail et d'une grande simplicité. Il me changeait un peu aussi de tous mes amis pseudo-intellectuels de gauche (avec Jean-Pierre je redescendis un peu sur terre), la poésie et les grandes pensées n'étaient pas son fort. Nos discussions étaient souvent très terre à terre et je m'y prêtais sans déplaisir. Je sentis d'instinct qu'il était, à sa manière, porteur du même mal que moi… Il semblait lui aussi plus supporter la vie que la vivre. Comme moi il ne vivait pas, il survivait ! Un fatalisme permanent l'habitait. Il travaillait beaucoup pour assumer son rôle de père de famille et le soir de plus en plus souvent nous nous retrouvions autour d'un apéritif (appellation courtoise de ce qui devint peu à peu des beuveries), tantôt chez lui tantôt chez moi et quelquefois simultanément chez les deux. Nous n'avions, il est vrai, qu'un étage à franchir.

L'alcool et les cigarettes agrémentaient nos discussions, nos épouses se demandant lequel des deux faisait boire l'autre. Nous n'avions, ni lui ni moi, besoin d'aide dans ce domaine. Jean-Pierre ne cessait de me dire qu'il n'avait pas de chance, qu'il n'en aurait jamais, que ce monde était pourri, que la vie était cruelle. Tout cela je le savais et me plaisais à le lui confirmer, mais à la différence que moi j'enrayais mon mal par un humour forcené alors que lui était souvent abattu et découragé à la fin de nos libations.

Nous repartions le lendemain matin au travail, comme si rien ne s'était passé entre nous la veille. Nous savions que nous nous retrouverions encore, de nombreux soirs...

Mon travail marchait bien. J'aimais assez le métier de commercial pour ses côtés mercenaires et théâtraux. Et puis, il faut le dire, mes salaires n'avaient plus rien à voir avec ceux d'imprimeur, je commençais enfin à gagner décemment ma vie. J'avais toujours en horreur le monde capitaliste mais je donnais parfaitement le change. J'y jouais mon rôle à merveille, aucun de mes collègues ou responsables ne sut jamais le fond de ma pensée. J'avais appris depuis bien longtemps à m'adapter à toute nécessité ; le travail en était une, impérieuse, et m'absolvait de cette comédie quotidienne. J'avais deux vies, l'une intérieure, intime, secrète, l'autre superficielle, futile et simulée. Je n'en étais pas particulièrement heureux mais il fallait bien que je vive...

C'est à cette époque que je commençai à me lancer dans la lecture de livres sur le paranormal, les sciences secrètes, les ovnis. Je dois dire que je m'y étais toujours plus ou moins intéressé mais mon passage anarchiste avait, un temps, balayé ces sujets. Je lisais tout ce qui me tombait sous la main. Inspiré par ces lectures, je fis quelquefois, avec des amis, des expériences pour faire bouger les tables ou tourner les verres. Cela marcha à plusieurs reprises !

Je commençais à admettre qu'une « force cosmique » pouvait bien exister qui dirigerait l'univers entier. Le fatras de mes lectures, l'accumulation de théories fumeuses que j'y trouvais m'inclinèrent à penser que pour connaître *la* Vérité il me faudrait bien du temps et beaucoup de « savoir caché » réservé à quelques élus qui l'auraient bien sûr mérité après avoir beaucoup marché, beaucoup cherché…

Je me mis en tête de poursuivre cette quête, qui, je le pensais, me permettrait peut-être de mettre un terme à mon malaise. J'y trouverai un plaisir sulfureux, je dois le dire, mais qui ne parviendra jamais à calmer mes angoisses.

Fort de mes lectures de toutes sortes et aussi saugrenues les unes que les autres, je passai des Templiers aux pyramides, des mondes parallèles aux extra-terrestres concepteurs de l'humanité en passant par l'incontournable réincarnation. Je prenais, fièrement, pour de la science initiatique un enchevêtrement de lectures diverses. Au fond de moi, très profond, une petite voix silencieuse et lointaine répétait : « André, ce n'est pas ça encore ! »

Je n'y prêtais pas plus attention, tant le mal de savoir me rongeait…

*CHAPITRE XV*

# LES HOMMES DE MONTFORT

La commanderie templière de Montfort est située dans le Var, au-dessus du petit village de Montfort-sur-Argens. C'est une bâtisse massive et imposante. Le dernier des Templiers, Pierre Borgandion, de la famille des vicomtes de Marseille, y fut encerclé par les archers et les officiers royaux venus de Brignoles le 24 janvier 1308, ultime arrestation de la rafle géante organisée par Philippe IV le Bel et entreprise le 13 octobre 1307 pour anéantir cet ordre puissant et le déposséder de ses biens.

Pierre Borgandion mourut. Plus tard on retrouva son corps roulé dans le grand manteau blanc des Templiers orné de la croix rouge.

À la lecture du livre [1] de Jimmy Guieu (auteur prolixe de science-fiction, Aixois de surcroît), j'appris que de nombreux phénomènes paranormaux se déroulaient à la commanderie.

Étant donné la proximité du lieu je décidai un jour d'y aller avec Martine pour voir de plus près.

Tout était fermé. Visiblement, ou était-ce une impression ? Les habitants du village ne nous semblèrent pas très pressés pour nous donner plus d'explications. Je fis plusieurs fois le tour du bâtiment à la recherche de quelque indice qui aurait pu m'orienter dans ma quête. J'essayai même d'y pénétrer par un soupirail dont un

---

1. *L'Ordre vert*, Paris, Éd. Fleuve noir, 1969.

barreau paraissait branlant. Je n'y parvins pas. Un souffle étrange semblait parcourir le centre de la bâtisse. Était-ce mon imagination ? Toujours est-il que, déçu de ne pouvoir pénétrer dans le bâtiment, j'attendis là avec Martine qu'il se passe quelque chose. Je voulais voir l'invisible... Deux personnages sortirent alors de je ne sais où. Très froidement et sans nous saluer, ils nous dirent à peu près ceci :

« Que cherchez-vous ? »

Un peu surpris, mal à l'aise, j'expliquai maladroitement ma démarche : le livre lu, les phénomènes, mon désir d'en savoir plus.

« Il ne faut pas rester ici, vous n'avez rien à y faire et puis c'est une propriété privée. »

Leur ton était ferme. L'échange fut très bref et augmenta ma curiosité. Elle fut plus forte que ma crainte. Je leur donnai l'une de mes cartes de visite professionnelles en leur faisant promettre de me contacter. À ma surprise et sans discours ils acquiescèrent tout en nous redemandant de partir vite. Cette rencontre, pour le moins étrange, me laissa sur ma faim.

De nombreux mois s'écoulèrent. J'oubliai cette aventure. Un matin, je me trouvais dans le bureau de mon directeur. Le téléphone sonna, la communication était pour moi :

« Monsieur Pighiera ?

— Lui-même.

— Nous sommes les personnes de Montfort. »

Je ne compris pas tout de suite, l'histoire était vieille, je fis répéter :

« Nous sommes les personnes que vous avez rencontrées à la commanderie de Montfort, nous vous avions promis de vous recontacter. Si vous êtes d'accord donnez-nous un lieu et une heure. »

Tout me revint en un éclair et mon inquiétude fut telle que d'instinct je choisis un lieu de grand public :

« Je suis d'accord, je serai demain à 17 heures au café Noailles sur la Canebière.

— Nous y serons aussi.

— Comment vous reconnaîtrai-je ?

— Nous serons deux, nous vous reconnaîtrons, à demain. »

Quel mystère que tout cela, dans quelle aventure m'étais-je encore embarqué ? Quelle révélation allais-je avoir ? Je brûlais d'impatience, pourtant très troublé par le caractère particulier de cet appel.

À 17 heures, j'étais au café. Ils étaient là et me firent un signe discret. Je m'installai à leur table. Tous deux devaient avoir la trentaine et mis à part un air très sombre et figé rien ne les distinguait des autres consommateurs. Les allées et venues des garçons de café, le brouhaha de l'établissement me rassurèrent et dissipèrent un peu mon inquiétude. Oui, j'avais eu une bonne idée de choisir cet endroit ! Sans préambule ils commencèrent à parler :

« Vous avez souhaité nous rencontrer, nous sommes là. Nous allons poser une condition à cette rencontre. Si vous n'êtes pas d'accord nous repartons.

— Je vous écoute.

— La condition est la suivante : nous allons vous poser des questions, vous tâcherez d'y répondre le mieux possible et vous, vous devrez vous engager à n'en poser aucune. »

Ils insistèrent sur *aucune*. Que pouvais-je dire au point où j'en étais ? Très déçu je répondis :

« Je suis d'accord.

— Très bien, nous restons. »

Alors, froidement, sans me quitter des yeux, avec une régularité de métronome, ils me firent subir un interrogatoire en bonne et due forme : Comment étais-je parvenu à Montfort ? Quel était le livre qui m'y avait conduit ? Quelles étaient mes lectures en général ? Ils me demandèrent aussi mes connaissances sur l'ordre chevaleresque des Templiers, les pyramides, les phénomènes surnaturels…

Ils m'écoutaient sans aucun commentaire, sans approuver ni désavouer aucun de mes propos. Cela dura une bonne heure, je ne parvenais pas à comprendre ce qu'ils me voulaient. Au bout d'une grosse heure, sentant bien qu'ils arrivaient au bout de leurs questions et n'y tenant plus je tentai l'impossible :

« Vous en avez fini ?

— Oui.

— Me permettez-vous juste une question ?

— Non.

— Je la pose quand même. Qui êtes-vous ? »

Ils ne répondirent pas, firent mine de ne pas avoir entendu et me dirent en prenant congé :

« Vos lectures ne sont pas bonnes, vos connaissances sont insuffisantes. Il vous faut lire encore, apprendre dans d'autres livres. Alors seulement nous pourrons vous en dire plus.

— Vous reverrai-je ?

— Peut-être… Continuez… », et ils partirent.

J'avais le sentiment de les avoir beaucoup déçus. Je ne comprenais plus rien. Ce soir-là, en rentrant chez moi, je me disais que décidément ma vie n'était pas banale…

*CHAPITRE XVI*

# UN MAL INSIDIEUX

L'histoire des hommes de Montfort se dilua dans mon quotidien sans cependant totalement s'évacuer.

Un mal insidieux et inexplicable grandissait en moi. Je voyais de plus en plus Jean-Pierre. Mes haltes chez lui le soir et les siennes chez moi redoublèrent sous l'œil inquiet de nos épouses respectives. Nous ne dévissions pas de nos chaises, à boire verre sur verre et fumer cigarette sur cigarette. Lorsque enfin, abrutis, nous nous séparions j'étais désemparé par ma faiblesse. Martine ne méritait pas cela, pourquoi ne pouvais-je pas m'arrêter d'agir ainsi ?

L'alcool donne de courts moments de bonheur surtout l'instant qui précède le premier verre où tout est encore suffisamment clair pour savourer l'oubli qui arrive. Ces mini-moments de paradis artificiels étaient de vrais baumes sur mon mal, ils endormaient la douleur sans soigner le mal. Les lendemains matins, il me restait les cendres et plus de mal encore.

Mon travail finit par s'en ressentir, ma motivation et mes résultats commerciaux baissèrent. L'ambiance à la maison devint de plus en plus lourde. Martine me mit en garde plusieurs fois, je fis de grands serments à de multiples reprises sans jamais les tenir. Je buvais de plus en plus, non seulement avec Jean-Pierre mais aussi en cachette. Inexorablement je détruisais en moi la seule arme capable de me sauver de l'alcool : la volonté.

Dans mon entourage personne ne comprenait. Aujourd'hui j'aime les alcooliques car j'ai connu leur terrible solitude et surtout le regard des autres qui vous tue au cœur de cette solitude. Ces bien-pensants, ces conseilleurs de tous poils, ces juges je les détestais souverainement. Ces gens-là vous diminuent plus sûrement que l'alcool. Il faut connaître cet enfer avant de juger l'homme qui s'y trouve. De nombreuses personnes s'éloignèrent de moi. Dans le fond je m'en moquais, elles ne m'intéressaient pas et de toutes façons, solitaire ou en compagnie, je me sentais irrémédiablement isolé, alors à quoi bon ! Martine, seule, avait réussi à pénétrer et adoucir un peu cette solitude.

Je me souviens d'une soirée particulièrement arrosée, j'avais bu sans mesure. J'étais avec le frère de Martine, Hervé, et un ami, nous rentrions à pied à la Calade, il était tard dans la nuit. Nous nous racontions des bêtises, nous chantions, Hervé et notre ami étaient gais, moi je faisais semblant de l'être. Machinalement je levai les yeux vers le ciel, il était pur de tout nuage, de toute brume et les étoiles scintillaient doucement, immobiles, dans un calme inhumain. Quel contraste entre cette paix et ma détresse ! J'en fus saisi. Ma colère explosa. Pour moi le ciel était vide ou pire encore. Dieu y était, mais lointain et totalement indifférent à ma souffrance. Il fallait dans cette deuxième hypothèse qu'il connaisse ma colère. Je ramassai donc aussitôt une pierre sur le chemin et la jetai avec force au ciel contre lui et son silence insupportable. À peine la pierre quitta ma main que je regrettai mon geste. Qui étais-je, moi, microbe misérable dans l'univers, pour m'attaquer ainsi au ciel ? Pourquoi blasphémer ainsi ? Le Dieu de mon souvenir méritait-il cela ? Cette pierre me fit mal longtemps…

Dans les vapeurs de l'alcool je ne la vis pas redescendre. Ce soir-là, je le compris beaucoup plus tard, Dieu vit plus loin que moi au fond de moi : pour André la pierre fut un blasphème, pour Dieu ce fut un cri, une prière. Pour André ce fut un jet de pierre, pour Dieu le jet d'une prière !

Je ne savais pas que la pierre me reviendrait, sublimée, transformée par l'alchimie de son Amour sous une forme inattendue.

Avec Jean-Pierre nous allions souvent le dimanche matin boire au bar de Puyricard. De l'autre côté de la rue, au centre du village, juste en face du bar, il y a l'église. De mon bar et dans mes brumes je voyais sortir les « cathos ». Je leur en voulais un peu d'être aussi aseptisés, les B.C.B.G. avec les B.C.B.G., les vieux avec les vieux, toutes ces bonnes consciences renouvelées par la grâce d'un beau sermon, la pièce de monnaie ostentatoire et libératrice donnée au pauvre de service sur le parvis de l'église. Qu'ils semblaient bien au chaud tous ensemble confortablement installés dans leur certitude ! Cette liesse dominicale m'écœurait, la vie était dans mon bar, pas dans leurs églises ! C'était une planète lointaine que j'observais en la regardant de mon comptoir, autre forme d'autel où j'accomplissais d'autres rites ; ceux de ma destruction progressive.

Dans ma mémoire, comme des balises de lumière faible et lointaine, à peine perceptibles, des noms et des histoires me revenaient, lucioles dans ma nuit : Mme Meizeil, la maman d'Alice, Marie-Jeanne, les sœurs de la maternité, la cure de silence de Léon-Bérard avec Marie de Lourdes qui me fit pleurer de bonheur, les mots mystérieux sur le fronton de l'église de la Belle-de-Mai : *« Je suis le Chemin, la Vérité et la Vie »*. Ces lueurs, si faibles, si fragiles firent que ma nuit ne devint jamais totale.

Je devins de plus en plus insupportable. Désormais je ne passais pas un jour sans boire. Je fis de nombreuses bêtises, certaines auraient pu tourner au tragique. Je détruisis ma première voiture achetée neuve en m'envoyant tout seul sur le bas-côté de la route. Elle n'avait pas mille kilomètres et je n'étais pas assuré pour ce genre d'accident. Je me retrouvai aussi une nuit au poste de police pour vol sur voiture, je fus condamné à une amende. Le juge, une femme, ne comprit pas mon attitude et me le fit publiquement savoir. Un vent de folie semblait s'être emparé de moi comme un tourbillon m'entraînant vers le fond.

Mon travail ne marchait plus. Le métier de commercial demande une attention soutenue et un équilibre solide. J'avais beaucoup de difficultés à me lever le matin, mon rôle devenait de plus en plus difficile à jouer et le manque de résultats ne tarda pas à se faire sentir. Financièrement, mes affaires tournaient mal. Mon beau-père essaya de m'aider en me faisant entrer dans la société où il travaillait. Pendant un temps cela m'aida, le changement de situation, la nouveauté, l'impression de repartir à zéro me motivèrent. Ce fut, hélas, de courte durée et je continuais mes frasques de plus belle.

Martine n'en pouvait plus, rien ne pouvait m'arrêter. J'avais perdu totalement le contrôle de la situation et mon naufrage s'avérait inéluctable. Je rejetais systématiquement toutes les bouées qui m'étaient envoyées. Combien de fois ai-je pensé à mon père en souhaitant le rejoindre ? Lui aussi avait connu cet enfer. Je marchais dans ses pas avec comme consolation morbide de me dire que je finirais comme lui, seul et abandonné de tous.

Catherine avait quatre ans. Un jour sa maîtresse d'école me fit venir. Elle me dit qu'elle était une enfant isolée. Elle me montra ses dessins en m'expliquant qu'en psychologie le soleil représentait le père et l'arbre la mère. Sur tous ses dessins, les soleils de Catherine étaient voilés de nuages, sans rayons, morcelés dans le coin de la feuille. Les arbres, eux, trônaient pleine page avec de solides racines. En d'autres lieux, d'autres situations j'aurais pris cela pour des fadaises freudiennes, mais, ici, il s'agissait de mon enfant et cette maîtresse venait, courageusement, de prendre le risque de me choquer pour le bien de ma fille. Il était absolument impératif que je réagisse. Je savais que je n'y parviendrais pas.

Martine le fit pour moi, brutalement, avec une rigueur chirurgicale. Il est vrai que l'état dans lequel je me trouvais alors lui permit de faire l'économie d'une anesthésie…

Elle trancha net et précis.

## *CHAPITRE XVII*

# UN COUP DE TONNERRE DANS MA NUIT

La lettre m'arriva un triste jour, l'un des plus tristes de ma vie sans doute. Elle émanait d'un cabinet d'avocat. En des termes froids et spécialisés cet avocat m'expliquait que par son intermédiaire Martine me demandait le divorce et qu'il souhaitait me rencontrer.

Je fus intérieurement K.-O. ! Martine m'avait souvent prévenu, elle ne me prenait certes pas par surprise mais toujours j'avais tourné cela au passionnel en lui faisant de grandes promesses oubliées sitôt dites. De nombreuses fois elle me laissa ma chance. Je ne pouvais vraiment pas trop faire l'étonné !

Cette fois-ci, le couperet tombait glacial et tranchant comme la justice, sans appel possible. Ce fut un coup de tonnerre dans ma nuit. Il n'était plus possible d'avoir avec elle des discussions directes, il me fallait dorénavant passer par cet homme, un inconnu, afin de débattre des procédures du divorce. J'étais proprement tétanisé. Devant mon anéantissement Martine tint bon, m'expliquant sans colère ni passion, ce qui me bouleversa encore plus, qu'il était souhaitable que je me trouve au plus vite un logement pour que tout cela finisse rapidement car désormais, dans l'état actuel des choses, plus rien n'était possible entre nous. Il valait donc mieux tout arrêter là et vite...

Cette fois-ci j'étais bel et bien perdu. Je fus, je m'en souviens, dans l'impossibilité totale d'envisager l'avenir sans elle, je l'aimais trop, elle était, avec Catherine, la seule personne capable de me faire accepter la vie et, là, elle me demandait de partir, de la quitter, de vivre ailleurs, d'avoir avec elle des rapports cordiaux pour le bien de notre enfant. Je nageais en plein cauchemar. Je pensais aux soleils voilés de Catherine, à la mort de mon père, à tout ce que je venais sans aucune conscience de détruire. Quel gâchis ! Je me méprisais.

Durant cette période je bus encore plus pour essayer d'anesthésier cette douleur intolérable. Le suicide hantait mes nuits. Dieu merci, j'avais toujours redouté la vie mais plus encore la mort et je n'eus pas le courage d'accomplir l'irréparable. Je me souviens m'être souvent endormi avec une lame de rasoir à mes côtés, me disant que peut-être un soir, un peu plus ivre et désespéré que d'habitude, j'aurais enfin la force de passer à l'acte ultime.

Je me trouvai un studio dans Aix. Comme un automate j'accomplis mon déménagement et mon installation, aidé par mes frères et quelques amis. Un brouillard de plus en plus épais m'entourait. Je subis l'épreuve des proches, celle où chacun veut donner son avis sur les torts de l'une ou l'autre des parties. Moi je savais bien que Martine seule avait raison.

J'en étais sûr, je l'aimais toujours, mais, elle, m'aimait-elle encore ? Je ne savais plus.

Catherine, mon ange déserteur, ne comprenait pas non plus pourquoi son papa avait une autre maison que la sienne. Apaisée sans doute par l'attitude responsable et digne de Martine, elle ne subit pas de plein fouet cette séparation mais je savais comment fonctionnaient les antennes affectives des enfants et cela redoublait mon désespoir. Je me retrouvais seul dans Aix comme avant notre mariage, mes anciens amis n'étaient plus là ou le peu qu'il en restait ne se souciait pas de moi ni de mes problèmes, chacun ayant les siens. Je ne pus remettre mes pas dans mes pas, ne pouvant ni faire marche arrière ni avancer. J'étais là, rivé à un présent désespérant sans fuite possible. Le jour un automate, la nuit un moribond. Je ne sais ce qui me tint en vie, peut-être la vie elle-même. Je garde de cette période un souvenir flou et douloureux. Flou car tout en moi travaille à oublier ce passage de ma vie. Aujourd'hui, forcer mes souvenirs pour témoigner de ces moments m'est extrêmement pénible et il me semble parler d'un autre que moi. J'ai laissé dans le passé ce pauvre André.

Douloureux aussi de cette douleur silencieuse, profonde, permanente, qui n'arrache aucun cri, mais qui, nuit et jour, vrille le cerveau sans répit, ne laissant aucune place au repos des nuits et à l'agitation du jour. Pour toile de fond de ma vie, un naufrage : le mien.

J'ai du mal à me souvenir. Je me suis relevé un jour, peut-être moins désespéré que d'habitude si cela pouvait être possible alors. Je crois aussi avoir réfléchi un peu plus profondément : j'aimais Martine, cela était sûr pour moi. Il me fallait donc savoir s'il en était de même pour elle. Je lui posai simplement la question.

Je compris en écoutant sa réponse que le problème ne se situait pas là mais uniquement dans mon comportement devenu intolérable. Devant ma détresse et ma sincérité Martine accepta de me donner une dernière chance. Ce fut pour moi un véritable sauvetage. Le temps figé depuis mon départ de la maison reprenait son cours normal. Je mesurais ainsi combien il m'était impossible de vivre loin de mon foyer. C'est donc un homme nouveau qui revint à la maison. Grandement éprouvé par ce triste épisode, je pris la décision de ne plus boire et de me mettre au travail sérieusement. Désormais je n'avais plus aucun droit à l'erreur. Je fis du sport et retrouvai ainsi un équilibre. Petit à petit, après la tempête, le calme revenait.

Sur les dessins de Catherine le soleil réapparaissait, pleine page,dans un ciel sans nuages…

*CHAPITRE XVIII*

# RECHERCHES PARANORMALES

Devant mes efforts, visibles et mesurables par tous, Martine reprit confiance. Physiquement et intellectuellement j'étais au mieux de ma forme.

Les mois passèrent ainsi sans ombre au tableau. Je poursuivis alors, en redoublant d'efforts, mes recherches sur les phénomènes paranormaux, les ovnis et les sciences parallèles. Je lisais avec frénésie et je commençais à penser avec une quasi-certitude que les extra-terrestres étaient parmi nous. Je pris contact avec Jimmy Guieu, auteur célèbre de science-fiction que j'ai cité plus haut à propos de mon aventure de la commanderie de Montfort. Jimmy Guieu étudiait l'ufologie [1] depuis fort longtemps et j'étais passionné par ses écrits. Je m'inscrivis à l'association qu'il avait créée et pompeusement baptisée : l'IMSA [2]. Je pouvais ainsi suivre de près l'évolution des recherches entreprises dans ce domaine et participer aux réunions régulièrement organisées dans la région.

Nous écoutions alors, avec une déférence sacro-sainte, les propos de notre président-écrivain. Il nous laissait imaginer les mystères cachés de l'humanité et la conspiration du silence orchestrée par les divers

1. De l'anglais *Unidentified Flying Objects* (UFO), en français ovnis : objets volants non identifiés.

2. Institut mondial des sciences avancées.

gouvernements de la planète : de Roosevelt à Nixon, de Staline à Brejnev, de Jean XXIII à Jean-Paul II, tous étaient au courant des bases secrètes d'extra-terrestres installées en divers lieux de notre terre. Mais pour des raisons de sécurité planétaire il valait mieux que le public n'en soit pas informé. Nous nagions en pleine science-fiction ! J'étais comblé.

Honnêtement je ne prenais pas tout pour argent comptant mais, je dois l'avouer, je pensais aussi qu'il n'y avait pas de fumée sans feu et j'accordais mon crédit à une bonne part de ces affirmations. Renaud, le frère de Martine, se mit à me suivre dans mes pérégrinations. Il s'intéressait vraiment à ce sujet. Nous en discutions souvent et longuement et lorsqu'il le pouvait il assistait également aux réunions de l'IMSA.

À la maison tout était calme enfin, j'avais retrouvé un travail de commercial dans la bureautique, mon métier initial. Mes idées étaient claires. Une transformation physique s'opérait sur moi, je paraissais beaucoup plus calme, moins soucieux, moins angoissé. Mais loin, très loin au fond de moi, me refusant de l'admettre, je savais que mon mal, ma solitude, étaient toujours là. J'avais beau m'être remis debout, faire figure de « bien portant », je pressentais ne pas pouvoir contenir une vie tout entière ce mal placé en mon cœur, tapi comme une pieuvre. En silence, sans le dire j'avais peur… Peur de le voir resurgir et de nouveau, comme un trou noir, aspirer tout ce qui m'était cher. Il me fallait donc à tout prix en trouver la cause et l'antidote afin d'anéantir ce mal. Je lisais, je cherchais, de plus en plus pressé, comme s'il y avait urgence pour découvrir je ne savais quoi qui aurait pu m'éclairer un peu sur les origines de mon mystérieux « mal-être ».

J'allais voir des mages, des pseudo-initiés, certains se prétendaient prêtres, détenteurs de pouvoirs supranormaux, d'autres guérisseurs par contact avec le monde invisible… J'écoutais, je prenais tout comme une éponge, ayant de plus en plus de mal à faire une synthèse à partir de ce fatras inextricable.

Curieusement et à chacun de mes pas dans cette jungle touffue, en silence, ma petite voix intérieure me disait : « André, ce n'est toujours pas ça, continue ! »

Alors sous l'œil complaisant de la famille et avec la patience de Martine je continuais, seul, ma quête, en faisant certainement figure d'éternel et incorrigible original. Seul ? Pas tout à fait cependant car Renaud, lui, me suivait toujours, très intéressé par cette recherche qui n'aboutissait jamais.

Dans tout cela je dois cependant rendre hommage à certains livres qui émergeaient du lot de ce bric-à-brac *new age*. Notamment ceux écrits par Jean Prieur relatant les contacts par écriture automatique entre une mère et son enfant décédé. En effet, une grande spiritualité se dégageait de ces ouvrages. Cet auteur et ses livres contribueront efficacement à ouvrir une voie nouvelle dans mes recherches. C'est à cette époque que je me mis à penser qu'après tout une « force cosmique » supérieure et spirituelle, innommable pour moi, pouvait bien exister. Mais, hélas, la quantité et la variété de mes lectures me collèrent au sol comme un bagage trop lourd. À la différence de Rimbaud l'« homme aux semelles de vent » les miennes étaient de plomb.

Je fis une étrange rencontre au cours d'une réunion de l'IMSA. Nous y étions avec Martine et un couple d'amis passionnés également par les phénomènes paranormaux. Nous écoutions les conférenciers et le président de notre association nous raconter les dernières nouvelles émanant des quatre coins de la planète par les correspondants de notre organisation. À ma gauche, assise immédiatement à mon côté, se tenait une jeune femme qui, par ses mimiques et ses commentaires, attira mon attention. Elle paraissait en savoir plus que nos illustres intervenants et prenait à chacun de leurs propos un air de condescendance en soufflant de dépit.

Intrigué, j'entrepris de lui parler. Je lui expliquai à voix basse quelles étaient mes raisons d'appartenir à cette association. Elle prenait, en m'écoutant, des airs entendus, me faisant comprendre que je ne lui apprenais rien. Cela aurait pu m'agacer mais je la trouvais charmante et sympathique.

C'est ainsi que j'évoquai avec elle mon aventure de la commanderie de Montfort. Avec un petit sourire au coin des lèvres et une grande attention dans le regard elle écouta mon récit. Je lui expliquai tout en détail et plus particulièrement ma dernière rencontre avec les inconnus. Rencontre qui m'avait laissé sur ma faim et au terme de laquelle ces deux personnages m'avaient demandé de compléter mes connaissances car je n'en savais pas assez, à leur goût, pour mériter d'aller plus loin avec eux. C'était là une condition impérieuse pour les revoir.

Elle se tut, réfléchit un court instant, prit une feuille de papier, un stylo et m'écrivit la phrase suivante : « Ça y est, maintenant tu es prêt. » Devant mon air interrogateur elle m'expliqua qu'elle connaissait mes deux inconnus. Elle me donna sans hésiter leurs prénoms, comme pour me convaincre du sérieux de ses propos. Elle m'expliqua le plus simplement du monde que ce n'était pas le hasard qui avait aujourd'hui provoqué notre rencontre à tous deux et qu'elle était là pour moi.

Les années avaient passé depuis le café Noailles à Marseille, j'étais maintenant en mesure d'être moi aussi contacté pour aller plus loin dans mon cheminement. C'est ce qu'elle me fit comprendre. Je la pressai de questions, elle ne voulut pas m'en dire plus et me fixa un rendez-vous à Marseille afin de me présenter à un certain Maître Tessia. Je crus naïvement qu'il s'agissait d'un notaire ou d'un avocat !

Elle reprit alors un air détaché, m'indiquant seulement que j'en saurais beaucoup plus lors de ce rendez-vous…

## *CHAPITRE XIX*

# LES FRÈRES COSMIQUES

Empressé que j'étais de rencontrer ce Maître Tessia, je me trouvai largement en avance au rendez-vous fixé par Mlle X., rue de la Timone à Marseille, dans un petit local donnant directement sur la rue par une vitrine. Ce devait être un ancien commerce. Mlle X. était là. Il y avait aussi deux autres jeunes dames et trois hommes dont au moins deux n'avaient pas la trentaine. Tout ce petit monde était entassé dans le local. Mlle X. me présenta. Visiblement tous m'attendaient, prévenus de mon arrivée. Ils se précipitèrent sur moi, tout sourire, pour m'accueillir. Cet accueil me toucha sincèrement ; c'était leur but.

Maître Tessia n'était pas encore arrivé. Ils me firent donc patienter en m'observant avec minutie. Leur attitude à mon égard fut plus qu'amicale, je me sentais chez moi et bien avec eux.

Maître Tessia arriva enfin, tous l'embrassèrent. C'était un homme d'une cinquantaine d'années portant costume trois-pièces, très digne, presque solennel. Il avait à l'égard des personnes présentes une attitude assez hautaine. Il était évident que ses relations avec Mlle X. étaient, elles, plus intimes.

Sûr de lui, il me toisa sans scrupules avec un sourire en coin qui semblait vouloir me dire : « Bientôt, mon petit, tu sauras. » Observant le comportement de tous, je compris que cet homme était très respecté.

À cause de l'exiguïté des lieux il me pria de l'accompagner au bar d'en face pour ainsi mieux parler. Je le suivis, il était midi, quelques personnes buvaient l'apéritif. Maître Tessia se proposa de m'offrir un verre. Nous nous installâmes à une table dans le fond du bar et là il commença à me tenir un étrange discours. J'en ai un souvenir assez précis. Il commença :

« André, comment trouvez-vous ces gens ? » me dit-il en désignant discrètement du regard les personnes autour de nous.

« Que voulez-vous dire ?

— Comment les trouvez-vous, tout simplement ?

— Normaux, lui répondis-je.

— Eh bien, je vous dis qu'ils ne sont pas comme vous ! »

En cela il ne m'apprenait rien. Je savais bien que quelque part je n'étais pas « normal » et je n'avais certes pas besoin de lui pour me le rappeler. Surtout en ce jour et dans cette situation. Mais en l'occurrence ce n'est pas de cette différence dont il voulait me parler. Il continua :

« André, quand on est noir on est noir. Quand on est blanc, on est blanc. On peut tout essayer, c'est ainsi, on ne pourra jamais rien y changer. »

Je ne voyais aucun Noir dans le bar et je ne comprenais pas où il voulait en venir. Je commençais à m'inquiéter. Devant mon étonnement il reprit :

« Où êtes-vous né ?

— À Marseille. Il fit une mine agacée.

— D'accord, mais plus précisément ?

— À la Belle-de-Mai.

— Vous ne me suivez pas André, de quel pays êtes vous ?

— De France, je suis français !

— Donc la France est sur la terre ? Vous êtes né sur la terre, André, c'est cela que je voulais vous entendre dire. »

Au point où j'en étais il fallait bien que je continue

avec lui cette discussion débile. Je lui répétai donc bêtement que j'étais effectivement né sur la terre. Il s'arrêta, prit un air grave, planta son regard dans le mien avec une insistance qui me mit mal à l'aise et d'un coup il me dit :

« Pour vous, André, qui est Dieu ? »

Sous l'influence de mes innombrables lectures et de l'alchimie étriquée que j'en fis, je lui parlai alors d'une force cosmique probable dirigeant l'univers. Une force sans nom ni forme, une espèce d'énergie spirituelle confuse dont nous émanerions tous, poussières d'étoiles, et vers laquelle sans doute nous retournerions un jour pour réintégrer ce magma universel.

Visiblement il ne m'écoutait plus, il souriait en coin avec beaucoup de complaisance pour mes explications théologiques improvisées.

« André, maintenant il faut aller plus loin. Êtes-vous en mesure de m'écouter si je vous dis des choses impensables pour vous et pour le commun des mortels ? »

Déjà je pensais que du commun des mortels beaucoup n'en seraient pas là où j'en étais en train de boire un verre avec cet homme me débitant des propos incohérents. Mais la nature m'ayant pourvu d'une curiosité à toute épreuve je lui répondis que j'étais prêt à tout entendre. Il se concentra :

« Quand je vous aurai dit ce que j'ai à vous dire, deux choses pourront se passer : soit vous partirez et l'on ne vous reverra plus, soit vous resterez avec nous pour en savoir plus. »

L'affaire devenait sérieuse ! Il poursuivit :

« Il y a un instant je vous montrais ces gens autour de nous. Ils sont tous nés sur la terre. Vous et moi sommes d'ailleurs ! »

La violence de l'information me fit penser deux choses : soit cet homme était un malade mental et alors comment pouvait-il entraîner avec lui l'équipe de jeunes gens que j'avais rencontrés tout à l'heure ? Ou bien par ces révélations j'allais enfin devenir moi aussi un

« contacté » comme j'en avais rencontré de multiples exemples dans mes lectures.

Après un court instant de silence qui lui permit sans doute d'observer ma réaction, il reprit la parole :

« Vous faites partie d'un peuple planétaire. Le peuple des Krènes. Votre planète d'origine se situe à des milliers d'années-lumière de la terre.

— Mais pourtant je suis bien né sur la terre il y a trente et un ans ?

— Non ! vous vous êtes réincarné, vous êtes né sur la planète des Krènes il y a plusieurs milliers d'années. Votre mission, notre mission, est d'aider l'humanité dans son évolution. Depuis des millions d'années, oui, des millions d'années je vous l'affirme, nous essayons de les faire évoluer. Ils sont lents, très lents mais nous avons l'éternité devant nous. Nous avons des hommes à nous un peu partout, dispersés sur la planète. » Et là il me cita des noms connus, beaucoup de personnalités du monde du spectacle, des hommes politiques. Le Christ lui-même était l'un de nos maîtres cosmiques actuellement réincarné aux… États-Unis !

Je restais là assommé et songeur, me demandant si je devais partir ou rester. Il continua :

— Vous comprenez donc ce que je voulais vous dire tout à l'heure : on est ce qu'on est et l'on ne peut rien y faire. Eux sont noirs (il me désigna les gens du bar), vous, vous êtes blanc. C'est ainsi, quoi que vous fassiez, votre situation est incontournable. »

Il s'arrêta un moment. Son discours perdit de sa véhémence :

« Peut-être partirez vous après notre entretien pour ne pas revenir, tout au moins pour l'instant. De toutes les façons, vous êtes l'un des nôtres et il va falloir que resurgisse en vous le souvenir de vos vies antérieures. Si vous le souhaitez nous pourrons vous y aider sinon ce sera dans un autre temps. À vous de choisir. Quant à moi, il faut que vous le sachiez, je suis un maître galactique. »

Je n'étais plus à une information loufoque près. Je lui demandai donc en quoi cela consistait... Il m'expliqua :

« Au début de l'univers, ce que les terriens appellent sans le connaître le big-bang, Dieu était un Tout. Vous l'avez vous-même pressenti en le nommant confusément "Force cosmique". Tout dans l'univers provient de ce Tout initial. Nous autres les maîtres, car nous sommes nombreux dans les galaxies, nous sommes détenteurs de la science initiale. Nous savons tout depuis toujours. Nous sommes la partie explosée de cette "Force Dieu". »

Je nageais en plein surréalisme. J'osai cependant quelques questions :

« Vous pouvez donc me faire remonter dans mes vies antérieures ?

— Oui, seulement si vous le désirez.

— De quelle manière ?

— En pratiquant sur vous des séances de sophrologie.

— Mais que devrai-je faire après ? Ma vie d'aujourd'hui, ma famille ?

— Vous êtes un Krène, André, il faudra bien vous y faire. Votre famille de la terre, ce sont des terriens. Rassurez-vous on ne vous demandera jamais de les quitter si vous revenez dans la mission. Mais votre vie n'est pas avec eux. Ils ne font partie que d'une longue chaîne de familles terrestres qui vous accueillent depuis des milliers d'années. Une autre Krène de votre race vous attend dans l'univers, peut-être aujourd'hui sur la terre. Vous la trouverez un jour.

— Et si je ne crois rien de tout ce que vous me dites... Si je pars ?

— Vous êtes notre frère cosmique, vous reviendrez. Peut-être dans cette vie, peut-être dans une autre vie mais vous êtes et vous resterez des nôtres.

— Et si je décide de rester ?

— Si vous restez nous vous éveillerons. Le cerveau

humain ne fonctionne qu'à 20 % de ses capacités, nous ferons en sorte que le vôtre fonctionne à 100 %. Ainsi tout vous reviendra et vous saurez qui vous êtes. Nous ne vous demanderons de quitter ni votre famille, ni vos habitudes, ni votre travail. Mais il est certain que vous ne serez plus le même. »

Je manquais d'air ! Cet homme était fou, il fallait que je m'en aille. Nous quittâmes le bar. Il me raccompagna au local où nous attendaient les « frères cosmiques » (je les appellerai ainsi désormais). Ils se précipitèrent sur moi, me serrant chaleureusement et m'expliquant qu'il ne fallait pas être troublé. Eux aussi, la première fois lors de la révélation avaient eu le même sentiment d'inquiétude et d'incertitude. C'était bien normal devant l'énormité de l'affaire.

Je ne les écoutais plus, tellement tout cela ressemblait à un mauvais film. Me couvant du regard et avec tristesse ils me laissèrent repartir, souhaitant me revoir très bientôt. Je ne leur promis rien.

Il me fallait prendre le large, me retrouver seul. Dans la voiture je réfléchissais. J'avais énormément de mal à me concentrer. Avant de rencontrer ces « frères cosmiques », une voie spirituelle m'était indiquée, dans les ouvrages de Jean Prieur notamment, et cette brèche m'attirait : il y était question d'un au-delà de lumière et de paix. Là, d'un coup, brutalement, tout s'écroula avec les révélations que Maître Tessia venait de me faire si celles-ci, bien entendu, étaient vraies. Après tout le seul fait qu'elles soient extraordinaires ne signifiait nullement qu'elles soient fausses. Je ne voulais pas que ma raison interfère trop dans cette affaire. Je désirais laisser aux frères cosmiques toutes leurs chances de m'apporter les preuves de leur bonne foi. Et puis, après tout, la recherche que j'avais entreprise depuis des années relevait bien au départ de l'irrationnel. Je ne devais pas, par conséquent, être trop choqué par ces révélations.

Je pris donc rapidement le parti d'y retourner pour en savoir plus. J'avertis un jour Martine, avec des airs pleins de mystère, de mon intention d'aller plus loin dans ma recherche. Je ne lui dis pas tout pour ne pas la contrarier ni l'effrayer (bien que depuis de nombreuses années je l'aie habituée à toutes sortes de situations incongrues). Je lui demandai de me faire, une fois de plus, la plus entière confiance pour les mois à venir. Je la prévins que mon comportement familial risquait de se modifier un peu et qu'il fallait absolument qu'elle me laisse faire. Elle accepta.

Je pensais un peu, en allant là-bas, m'approcher du but de ma vie.

Aujourd'hui, je le sais, ce fut en fait la dernière tentative des forces obscures pour me détourner de la Vérité.

Elle allait échouer, car Marie veillait...

*CHAPITRE XX*

# À LA RECHERCHE DE MES VIES ANTÉRIEURES

Avec l'assentiment de Martine je revis les « frères cosmiques » pratiquement tous les jours. J'appris ainsi que Mlle X. qui m'avait contacté lors de la réunion de l'IMSA s'appelait Maître Sessia. Elle était, elle aussi, un Maître ! Tous avaient l'air très sincère et ils me donnèrent avec force détails des éléments sur mes origines. Ils répondaient sans hésiter à la moindre de mes questions avec un aplomb surprenant. J'allais ainsi d'étonnement en étonnement. Tout cela me paraissait rocambolesque : j'étais un Krène, de la planète du même nom, très lointaine de notre système solaire. Il y avait, me dirent-ils, au sein de notre groupe, d'autres races galactiques dont les Zinzus. Ils m'expliquèrent que les hommes mystérieux de la commanderie de Montfort appartenaient à un autre groupe de frères cosmiques ayant une mission différente de la nôtre. Ils me racontèrent également avec une minutie surprenante nos voyages intergalactiques à bord des Ksyls [1]. Chacun se souvint de m'avoir vu à bord de ces engins de l'espace et me décrirent dans les moindres détails mon comportement à bord du vaisseau. M'étonnant de ne me souvenir de rien, ils m'expliquèrent que ma mémoire n'était pas

1. Vaisseau spatial, en langage cosmique…

encore « éveillée » et qu'il fallait procéder aux séances de sophrologie dirigées par Maître Tessia. Ils me feraient ainsi remonter dans mes vies antérieures et cela jusqu'à mes origines extra-terrestres.

Ils paraissaient tous en parfait accord avec leurs propos. Pouvait-il s'agir d'une illusion collective ? Tout cela semblait bel et bien irréel. Dans tous les cas ils n'étaient visiblement pas dangereux et cela me détermina à aller jusqu'au bout, je voulais savoir jusqu'où ils pouvaient me conduire…

Les réunions succédaient aux réunions. Elles se terminaient souvent tard dans la nuit. Au cours de celles-ci, Maître Tessia prenait la parole d'un bout à l'autre pour nous enseigner nos origines, le but de notre mission et même… notre langage galactique. Il nous donna des cours sur la création de la race terrienne [1].

Passivement, docilement, j'écoutais, je prenais des notes, m'interdisant de faire le moindre commentaire. J'avais décidé de jouer le jeu à fond.

Maître Tessia nous avait fait fabriquer des croix templières en métal que nous devions porter jour et nuit autour du cou afin de nous reconnaître. Cette croix, chargée magnétiquement, devait nous permettre de nous situer les uns les autres dans n'importe quel coin de l'univers. Des Ksyls, stationnés en permanence sur une orbite autour de la terre, étaient reliés magnétiquement à ces croix. Si une catastrophe planétaire survenait nous serions ainsi tous récupérés. Me refusant à toute polémique j'attendais avec impatience les séances de sophrologie.

Elles commencèrent un soir dans l'appartement de l'un des frères. Chacun d'entre nous devait y passer. Maître Tessia appliquait les mains sur le front des participants allongés sur un divan dans le noir. Nous devions

---

1. Pensant qu'un jour j'aurais peut-être à témoigner de cette aventure, j'ai conservé ces cours. Ils sont édifiants !

nous décontracter en écoutant celui-ci nous égrener d'une voix monocorde des conseils pour atteindre un calme parfait.

Certains se virent ainsi retourner vers de lointaines époques, au temps des Vikings. D'autres se souvinrent d'avoir assassiné des gens en Italie au Moyen Âge, un autre d'avoir participé à des batailles sanglantes à travers l'Histoire. Je fus, je l'avoue, très impressionné par ces témoignages sur le vif et j'attendais mon tour avec grande impatience.

Décidé à tenter honnêtement l'expérience mon tour arriva. Je restai ainsi allongé dans l'obscurité pendant une bonne demi-heure en écoutant la voix lancinante du maître m'exhortant au calme et là, tout bonnement, je me mis à somnoler sans voir le moindre indice d'une quelconque de mes vies antérieures ! Sans désemparer le maître m'expliqua que c'était tout à fait normal car mon cerveau terrien prenait encore trop de place, encombrant ainsi ma mémoire reptilienne [1]. Je fus très rassuré de l'apprendre !

Les autres séances n'eurent pas plus d'effet sur moi que la première, aucun souvenir de mes soi-disant vies antérieures ne surgit jamais. Je devais être un bien mauvais extra-terrestre ! Au bout de quelques mois je trouvais cette situation ubuesque. Le maître supportait de plus en plus mal mes questions. Il se contredisait en permanence et ne semblait même plus réfléchir à ce qu'il me répondait, pensant certainement que j'adhérais à tout. Je jouais la comédie bien sûr pour le piéger.

Un jour cependant, il toucha en moi un point sensible que je croyais oublié : il me parla de Marie, la maman de Jésus, et il me dit qu'actuellement elle était réincarnée sous l'apparence d'une jeune femme de notre groupe, Antoinette. Je n'avais, en réalité, jamais oublié Marie de mon enfance, ni la tendresse qu'elle m'avait inspirée.

1. Ils m'expliquèrent que c'était notre mémoire des origines…

Cette affirmation du Maître me choqua profondément. Je repassai en moi l'épisode de mes quinze ans où j'avais fait, seul, sa magnifique rencontre.

À travers toutes mes élucubrations, mes lectures, je sentais bien que je ne pouvais pas ainsi éliminer Marie de ma vie. En me disant une telle ineptie sacrilège il venait subitement de faire resurgir Marie.

Pour moi, Marie demeurait définitivement intouchable.

C'est à partir de là que je me mis souvent à regarder sa statue dorée de Notre-Dame de la Garde dominant Marseille et je lui parlais dans mon cœur, lui disant à peu près ces mots admirables :

*« Marie, tu ne dois pas ne pas exister ! Ce serait trop dommage que tu n'existes pas. »*

Je ne me rendais pas compte, en disant cela, que je me remettais à prier.

Quelquefois j'allais plus loin en montant, seul, à Notre-Dame de la Garde. J'entrais dans la basilique, je m'asseyais quelques instants et j'attendais là, perdu dans mes pensées. J'y étais bien, apaisé, beaucoup mieux qu'avec les frères cosmiques. Là-bas cela sentait le souffre. Ici je me sentais protégé, paisible.

Il fallait que je mette un terme à cette expérience qui s'avérait de toute évidence négative. Cela faisait six mois que j'étais avec eux. Je ne leur en voulais pas et j'avais même quelque affection pour certains d'entre eux, plus victimes que coupables. Ils ne me firent jamais courir aucun danger, n'essayèrent jamais de me soutirer de l'argent. Je pense simplement que le Maître était un pauvre homme mégalomane ayant un petit pouvoir de persuasion sur des esprits simples et en recherche affective. Lorsque ma décision fut prise de les quitter je ne subis aucune pression, ils furent simplement très déçus. Avant de partir j'essayai de convaincre certains des adeptes de l'erreur qu'ils commettaient en restant dans la secte. Scandalisés par mes propos, ils ne m'écoutèrent pas. J'eus beaucoup de mal à comprendre comment il était possible de se laisser manipuler de la sorte. Les maîtres, les gourous, les initiés de tous poils sont des assassins de l'âme. Ils profitent de la fragilité de ceux qui sont les plus démunis affectivement. Ils pénètrent dans cette brèche affective pour accomplir leur sale office. Je ne saurai jamais quel était le but de Maître Tessia, le savait-il lui-même ? Je n'en suis toujours pas persuadé. En tout cas, cette aventure me fit toucher du doigt le danger que courent ceux qui, honnêtement, recherchent un idéal spirituel dans leur vie. Ils sont, souvent par manque de discernement, une proie facile pour les sectes.

Je rendis ma croix templière et ne les revis jamais. Une page était tournée. Je sortis indemne de cette histoire. J'avais, en les quittant, le sentiment de revivre. J'étais fier aussi de n'avoir pas succombé aux divagations collectives du groupe. Je faisais ainsi preuve, pour moi, d'un certain bon sens et d'un esprit critique. Malgré mon désir effréné de comprendre, je n'étais pas prêt à croire n'importe quoi ! Je ne me souviens pas avoir été particulièrement déçu par cet échec apparent dans ma recherche et curieusement je me sentais de plus en plus guidé vers autre chose que ce type de divagation.

Ma recherche ne pouvait être que personnelle, instinctivement je le compris.

Décidé à oublier ces errements de six mois je repris avec une avidité redoublée ma recherche et mes lectures...

*CHAPITRE XXI*

# RETOUR SUR TERRE

Je repris donc mes lectures où je les avais laissées six mois auparavant. Mon passage chez les « frères cosmiques » avait eu au moins pour avantage de me faire prendre en horreur toutes les formes d'élucubrations à propos des extra-terrestres et autres manifestations surnaturelles. Les initiés et les contactés de tous poils ne m'intéressaient plus du tout. Le paranormal, le sensationnel et l'extraordinaire devinrent pour moi synonymes de mégalomanie. Trop de gens en qui j'avais eu confiance s'étaient révélés à mes yeux comme de doux rêveurs ne parvenant plus à faire la part des choses. C'est ainsi que je quittai définitivement l'IMSA.

Je sentais bien qu'il fallait que ma recherche soit plus intérieure et moins irrationnelle. Je repris donc en priorité les livres de Jean Prieur. Avant d'être interrompu par mon « aventure cosmique », j'avais entrevu dans ces livres une certaine forme de spiritualité à travers les messages de l'au-delà transmis par deux jeunes gens à destination de leurs mamans respectives. Le premier de ces livres [1] laisse parler, au travers de « messages christiques [2] » « un jeune officier de 23 ans, Pierre Monier, qui tomba le 8 juin 1915 sur le front d'Argonne, un fils unique dont la disparition fut un drame qui, pour s'être

1. *Lettres de Pierre*, Paris, Éd. Fernand Lanore, 1982.
2. Expression utilisée par Jean Prieur.

joué 1 500 000 fois, n'en fut pas moins déchirant, atroce, unique. Le chagrin de sa mère fut à la mesure du bonheur détruit, c'est-à-dire sans mesure. Un enfant qui meurt c'est la fin du monde. Cela peut être aussi la fin de Dieu. Tel ne fut pas le cas de la maman de Pierre. Ces messages furent dictés à sa mère sous la forme d'une inspiration consciente [1] ». Cinq gros volumes en sont remplis.

Le deuxième cas est celui d'un jeune homme, encore un enfant, Roland de Jouvenel [2]. « En 1946, ce jeune garçon qui allait avoir quinze ans, fut emporté par une maladie mystérieuse et implacable ; sa mère se trouva précipitée dans l'angoisse, la révolte, la désespérance, le désir de suicide. Ce désir, elle s'apprêtait à le mettre à exécution, elle avait décidé de se jeter, ou plutôt de se laisser tomber du haut de son balcon ; elle allait se pencher... se pencher, basculer dans le vide, s'engloutir dans ce qu'elle croyait être le néant... lorsqu'une main énergique et invisible se posa sur son épaule et la retint [3]. »

Commence alors entre le fils, messager du ciel, et sa maman sur terre un dialogue sous forme d'écriture automatique d'une intensité spirituelle très émouvante. « Je suis vivant » répètent l'un et l'autre de ces messagers dans tous leurs entretiens. Vivants et heureux dans la lumière.

J'aurais pu, je l'avoue, rejeter cela aussi après mes expériences précédentes. Mais à travers les témoignages des lecteurs, je pus constater que des prêtres adhéraient à ces contacts et que l'Église elle-même accorda l'imprimatur à l'un de ces ouvrages [4].

---

1. Introduction de Jean Prieur aux *Lettres de Pierre*.

2. Voir Marcelle DE JOUVENEL, *Au diapason du ciel*, Paris, Éd. Fernand Lanore, 1981.

3. Jean Prieur.

4. Voir Marcelle DE JOUVENEL, *En absolue fidélité*, Paris, Éd. du

Curieusement, moi qui rejetais cette Église, je fus rassuré de savoir qu'elle n'était pas hostile à la diffusion de ces « messages christiques ». De mon enfance je me souvenais certainement de la difficulté (ou de la sagesse) dont elle faisait preuve pour admettre trop facilement le caractère surnaturel de certains faits.

Avec avidité, je lus ces messages d'outre-monde. Je n'y découvris qu'amour, paix et sérénité. Je commençais à croire que le ciel pouvait bien exister, peuplé d'êtres incorporels sous la lumière flamboyante d'une force divine échappant à toute perception humaine. Ce ciel, que je parvenais peu à peu à admettre, me paraissait cependant lointain et ne reposant que sur le fragile témoignage de ces écrits ; je n'en étais pas sûr. Cette croyance n'était finalement qu'intellectuelle et ne me satisfaisait pas du tout.

C'était en 1981. Augusta, la grand-mère de Martine, était bien fatiguée. Il arrivait quelquefois que je lui parle de la mort ; je lui disais, certainement pour me convaincre, que la mort n'était pas la fin et que si, selon toute probabilité, elle partait avant moi, de bien vouloir me faire un signe arrivée de l'autre côté ! Ces propos n'étaient peut-être pas très charitables, je le reconnais aujourd'hui, mais il fallait vraiment que je finisse par connaître la vérité. Augusta n'aimait pas que je lui parle ainsi, mais j'insistais souvent. Il me fallait des preuves à tout prix ! Je crois bien, un jour, lui avoir soutiré la promesse...

Le mal d'Augusta s'aggrava, elle se mit à beaucoup souffrir. Nous étions tristes de nous sentir aussi impuissants. Le jour de l'Ascension, nous avions décidé de monter en famille à la Sainte-Baume [1]. En pensant aux

---

Vieux-Colombier, 1959. Imprimatur de Jean Hottot, vic. gén., en date du 3 février 1959.

1. Lieu de pèlerinage très connu en Provence où sainte Marie-Madeleine finit ses jours dans la solitude et la prière.

souffrances qu'endurait Augusta je me surpris à prier sainte Marie-Madeleine d'abréger le calvaire de notre grand-mère. Je ne sais plus trop comment fut ma prière. Je crois me souvenir avoir allumé un cierge à cette intention.

Augusta mourut le lendemain…

Je restai un long moment, seul, à ses côtés dans la pénombre, la veillant, et je me souviens bien lui avoir demandé de m'aider. Elle qui était une femme de bon sens, dynamique et énergique, elle ne devait pas rester inactive, si le ciel existait. Je lui redemandais ainsi le signe que je lui avais fait promettre de me donner pour preuve de sa survie. Il me fallait un signe d'elle que je reconnaîtrais.

Ce fut la première mort que je vécus différemment des autres. Peut-être que l'espoir n'était pas loin… Augusta venait de partir et j'essayais d'imaginer vers où ? Vers quoi ? Et pourquoi pas vers qui ? Sans nier le caractère encourageant de mes nouvelles lectures je n'étais, malgré tout, sûr de rien. Si je tiens à reconnaître l'effet bénéfique qu'elles eurent sur moi, elle ne suffirent jamais à m'apaiser totalement, à remplir le vide persistant de mon existence ni à combler ma solitude intérieure. Il me semblait simplement vivre un moment de répit, mais je ne parvenais toujours pas à voir mon avenir avec ce même trou béant en moi. Je savais, intérieurement et avec certitude, que passé l'effet de ces lectures, mes angoisses, mes doutes reviendraient plus vifs que jamais. Je conservais du passé toutes les scories accumulées par mes recherches en tous sens : la réincarnation, les ovnis et tout le cortège des sciences parallèles.

Malgré la beauté et la profondeur des messages de Pierre et de Roland, il ne m'en faudrait pas beaucoup pour replonger dans le désespoir.

Non, la voix en moi ne se taisait toujours pas, me répétant de façon lancinante de continuer encore et encore... Je devais aller plus haut, mystérieusement je le sentais bien, mais que fallait-il faire ?

Renaud m'avait aussi un peu suivi dans mes dernières lectures. Nous discutions souvent ensemble des possibilités de l'après-vie, nous perdant en suppositions multiples et variées de ce que serait la vie future après le fameux « passage ».

C'est dans les livres de Jean Prieur que j'entendis parler à nouveau souvent du Christ et cela avec beaucoup de sérieux et de respect. Je l'écrivais plus haut, les messages étaient nommés « christiques ». Malgré mes aventures anarchistes et gauchistes, j'eus toujours le respect de ce nom que je considérais comme sacré. Dans ces écrits le Christ était cité de manière fréquente, mais l'évocation de son nom ne déclencha rien en moi. Il est vrai que ce nom est incontournable lorsque l'on parle de spiritualité et aucun auteur ne se gêne pour s'y référer ou s'en prévaloir.

Je ne dois pas omettre de cette époque un épisode qui, sous une apparence plus que banale, me marqua : l'entreprise pour laquelle je travaillais avait, comme toutes les années, organisé un Noël pour les enfants des employés. Nous devions passer cette soirée et la nuit dans une auberge du Haut-Var. Tout y était organisé pour faire la fête et nous devions repartir le lendemain matin. La fête fut chaude et se termina tard dans la nuit. Au petit déjeuner, le lendemain matin, nous étions tous épuisés. Personnellement j'étais dans un brouillard complet. Le petit déjeuner pris, nous allions nous séparer quand l'un d'entre nous nous proposa de faire ensemble une visite à l'abbaye du Thoronet [1] située sur

1. Avec ses « sœurs », Silvacane et Sénanque, l'abbaye du Thoronet est l'une des trois merveilles cisterciennes de Provence. Elle fut fondée en 1136. Depuis 1978, l'abbaye du Thoronet a retrouvé en partie sa vocation de prière grâce à la proximité du

notre route du retour. Je n'y tenais pas spécialement, fatigué que j'étais d'une nuit presque sans sommeil, mais je suivis la troupe en maugréant. Je ne pris vraiment aucun intérêt à cette visite au terme de laquelle nous nous retrouvâmes tous à la porterie du monastère de Bethléem située à trois cents mètres de l'abbaye. Là, dans mes vapeurs de la veille, je m'installai sur une chaise en attendant, un peu agacé, que chacun ait réalisé ses achats. Il y avait de tout, croix, chapelets, icônes, veilleuses, etc. Je n'avais qu'une hâte : partir au plus vite et pouvoir rentrer chez moi ! Il y avait deux moniales en habit monastique. L'une d'entre elles me faisait face. Elle prenait les petits objets choisis par les visiteurs et les empaquetait délicatement dans du papier cadeau. Je me surpris à la regarder, elle était belle, d'une beauté intérieure. Tout dans son attitude m'inspirait le respect et la paix. Le moindre de ses gestes semblait une prière, à chacun elle offrait un sourire d'une grande douceur avant de remettre les paquets cadeaux. Chacun de ses mouvements avait une grâce indéfinissable. Je ne me lassais pas de la regarder, tant émanait d'elle une paix que je recevais et qui m'inondait par je ne sais quelle merveilleuse et mystérieuse conduction. Je repensai alors à la sœur de la maternité L'Étoile de Puyricard ; en ce jour je ressentis la même chose que quelques années plus tôt auprès de cette autre religieuse. Mais qu'avaient-elles donc, ces religieuses, de plus que le commun des mortels pour m'apaiser de la sorte ?

Les achats de notre groupe terminés, je dus, le mot n'est pas trop fort, véritablement « m'arracher » au charme mystérieux de cette sœur inconnue.

Je restais songeur : ces deux sœurs que j'avais approchées, celle de Puyricard, celle du Thoronet, d'où

---

monastère des moniales de Bethléem, de l'Assomption de la Vierge et de Saint-Bruno.

tiraient-elles cette paix ? Quel était l'habitant mystérieux de leur vie ? Quel était leur secret ?

C'est une autre sœur, la plus petite, la plus humble qui, sans tarder, allait descendre dans ma nuit pour me confier leur merveilleux secret…

*CHAPITRE XXII*

# THÉRÈSE

THÉRÈSE...

Voici dix-huit ans maintenant que je cherche à comprendre comment ce prénom s'imprima dans mon esprit. Dix-huit ans que je fouille régulièrement et méthodiquement dans mes livres lus à cette époque pour essayer de trouver celui qui, même furtivement, me parla d'elle. Je n'en trouve aucune trace nulle part [1]. Cela demeure un mystère pour moi.

THÉRÈSE...

Qui me mit sur sa piste ? Quel livre ? Quel auteur ? Quel article lu ? c'est un peu comme un vide total dans lequel s'immisça, sans bruit, sans histoire, spontanément ce prénom :

THÉRÈSE...

Je ne sais comment il devint omniprésent dans mes pensées. De mon enfance et de mes lectures, à l'hôpital Léon-Bérard, je me souvenais vaguement de quelques saintes ayant porté ce prénom, mais laquelle d'entre elles pénétrait ainsi par effraction dans mon esprit ?

THÉRÈSE...

---

1. Le 21 mars 1999, quelques mois après avoir écrit ce chapitre, j'ai retrouvé, par hasard, chez une amie à qui je l'avais prêté il y a plusieurs années, un livre de J. Prieur dans lequel Thérèse est nommée une seule fois. Peut-être est-ce cela qui a mis le feu aux poudres ?...

Pour en savoir plus je forçai mes souvenirs : je croyais me rappeler trois saintes femmes s'étant nommées ainsi : sainte Thérèse d'Avila, sainte Thérèse de Lisieux, sainte Thérèse de l'Enfant-Jésus [1]. Vers laquelle des trois devais-je porter mon attention ? Et d'ailleurs pour quelles raisons aurais-je dû le faire ? Les saints et les saintes de l'Église ne m'attiraient pas plus que ça. Ce ne sont certainement ni eux ni elles, statues de plâtre figées pour les siècles, qui auraient pu répondre à mes questions. Jamais, il est vrai, je n'aurais songé à les interroger. Ils faisaient partie, pour moi, du folklore poussiéreux de l'Église, et cela même si certains d'entre eux, comme le curé d'Ars, don Bosco, Dominique Savio m'avaient laissé, de mes lectures d'adolescent, quelques souvenirs empreints de respect. Plus jeune, il est vrai, le récit de leurs vies édifiantes m'avait passionné. Je me souvenais du temps où, après ma rencontre avec Marie, j'avais dévoré leurs histoires. Histoires remplies de phénomènes surnaturels, de miracles. Seule mon attirance pour ces choses-là pouvait m'interpeller. Et puis tout cela était tellement loin maintenant...

Mais cette Thérèse qui frappait ainsi à ma porte avec insistance, qui était-elle ? D'où venait-elle ? Qu'avait-elle fait ? Je ne me souvenais vraiment de rien la concernant [2].

Aujourd'hui, après toutes ces années, je ne comprends pas plus l'irruption de ce prénom dans ma vie, que je ne parviens à m'expliquer pourquoi et comment je me mis à la recherche d'un livre me parlant

---

1. Thérèse de Lisieux et Thérèse de l'Enfant-Jésus ne sont qu'une seule et même personne. Mon ignorance était donc complète !

2. Je devais retrouver, de nombreuses années après cet épisode, une feuille d'un petit carnet sur lequel j'avais inscrit fièrement mes premiers livres lus à l'hôpital. *Pluie de roses* figurait en onzième position, un *Sainte Thérèse* douzième, un *Jeanne d'Arc* treizième et enfin *Histoire d'une âme*, quatorzième !

d'elle. Rien en moi ne me poussa à faire cette démarche – et pourtant je me surpris à la faire.

Pour l'honnêteté de mon témoignage envers tous ceux qui le liront, que le ciel me garde de rajouter ou de retrancher le moindre détail de cette histoire. Je ne veux surtout pas l'embellir ni exagérément la magnifier, mais encore moins, par un excès contraire, la banaliser. Simplement, avec de pauvres mots, je veux la dire vraie, telle qu'elle fut.

Jamais je n'ai cherché cette Thérèse, je n'y suis pour rien... c'est elle qui me chercha, c'est elle qui me trouva, je l'atteste.

Il est important, avant de continuer ce récit, de m'arrêter un peu et de donner un aperçu de mon état général, tant physique que spirituel, au moment des faits, car rien, à cette époque, ne me prédisposait à devenir ce qui suit.

Que l'on me comprenne bien. En écrivant ce témoignage, je ne veux surtout pas dire que je n'étais pas un terrain favorable à un « contact » possible. Tout dans ce qui précède, mes recherches, mon inclination pour le surnaturel tend à prouver le contraire. J'étais de toute évidence « en attente » de quelque chose.

Je veux simplement dire que j'aurais pu tout envisager comme révélation sauf celle qui m'arriva.

C'était en 1982. Le calme familial était revenu malgré l'épisode des « frères cosmiques ». Mon nouveau travail me donnait entière satisfaction. Physiquement j'étais en pleine forme, résultat d'une année de sobriété complète et d'activités sportives régulières. Cela donnait toutes les apparences d'un équilibre définitivement retrouvé. Seulement voilà, de l'intérieur, je savais que ce n'était qu'un répit. Il me restait, statistiquement parlant, tant d'années à vivre que je redoutais toujours de ne pouvoir contenir mon angoisse et ma solitude indéfiniment.

Pour lors, en cette année 1982, j'étais résolument décidé à ne pas trop y penser, ignorant volontairement mon mal pour mieux l'exorciser. Je voulais ainsi profiter de la trêve qui m'était accordée en espérant qu'elle dure le plus longtemps possible. Je crois pouvoir écrire que j'étais simplement heureux.

Un peu comme lorsqu'une eau agitée se calme, laissant dans ses profondeurs reposer la vase et la boue, mon esprit et mes idées étaient merveilleusement clairs. J'attendais, calmement, sans attendre rien.

Il me fallait de toute évidence cette accalmie pour la suite de mon histoire. Avec le recul des années, lorsque je me retourne pour voir le chemin parcouru, j'ai acquis l'intime conviction que ce rétablissement inespéré je le devais au courage et à l'amour de Martine. C'est bien en cela qu'elle fut partie prenante, et instrument essentiel, de ce qui allait devenir le sauvetage organisé de mon âme.

Comme le calme précède la tempête, une sérénité anormale, en moi, précéda un ouragan de lumière qui, sans violence, sans turbulence, avec une indicible douceur m'enfanta à la vie.

Cet ouragan jaillit d'un livre…

Je ne sais quel jour, je ne sais quel mois, septembre peut-être de cette année 1982 j'achetai ce livre, *Histoire d'une vie, Thérèse Martin* [1], écrit par Mgr Guy Gaucher, évêque auxiliaire de Bayeux-Lisieux, parfaitement inconnu de moi [2]. Il y racontait l'histoire d'une enfant, une jeune fille de quinze ans devenue carmélite au carmel de Lisieux sous le nom de Thérèse de l'Enfant-Jésus et de la Sainte-Face. Après un enfouissement total et absurde de neuf années entre les quatre murs du couvent, elle y mourut à vingt-quatre ans dans l'anonymat le plus obscur et l'oubli complet du monde.

À peine ouvert ce livre j'aurais dû, raisonnablement, le refermer. Ce fut le contraire qui se passa : en

1. Paris, Éd. du Cerf, 1982.
2. Il est devenu mon ami depuis.

poursuivant sa lecture je ne savais pas que toute ma vie, en cet instant, allait basculer dans l'extraordinaire.

Je me compare aujourd'hui à ce joueur de loto qui mise quelques francs (le prix du livre) et qui récupère des sommes colossales, encore que dans mon cas, la mesure est bien triviale, qu'on me le pardonne, pour faire une telle comparaison. Thérèse, elle, me donna accès à d'autres trésors, d'autres richesses infiniment plus grandes et inimaginables que toutes celles réunies sur la terre.

Je prie en écrivant pour que ces mots, difficiles à trouver, disent la vérité. Je prie pour ceux qui les liront afin qu'ils sachent que ces mots, même trop pauvres, sont authentiques.

Dans cet ouvrage, Mgr Guy Gaucher parlait de Thérèse en la citant abondamment. À chaque citation, je sentais craqueler en moi ma solitude, compagne de toujours, et fondre mon angoisse. Cette enfant, cette Thérèse de rien du tout, descendait dans ma nuit pour y faire grand jour. Ouvrant portes et fenêtres de mon âme elle semblait me dire : « André, ne reste plus dans l'obscurité, laisse entrer le Soleil de Dieu, Lui seul t'aime d'une manière unique. »

Mais qui était-elle pour avoir tant de pouvoir sur mon âme ? Comment pouvais-je me laisser attendrir de la sorte ? Ce n'est pas que je m'en défendis, certes non, car pour la première fois depuis le jour de mes neuf ans je sentis en moi sourdre un bonheur auquel je ne parvenais plus à croire. Non, je ne me défendais pas, en ce jour, de cette enfant si paisible et si douce qui venait s'entretenir avec moi de choses célestes, mais je voulais comprendre pourquoi c'était elle.

Nous n'avions en effet, Thérèse et moi, rien en commun ; elle, petite-bourgeoise de province ; moi, j'étais un fils d'ouvrier à tendance maladivement anarchiste. Elle écrivait de délicats poèmes, j'aimais les poètes maudits et sulfureux. Je recherchais avidement l'extraordinaire ; sa courte vie fut d'une banalité affligeante (aux yeux du monde). C'était une enfant, je me croyais un homme. Ses écrits, empreints d'un romantisme puéril de fin XIXe siècle, auraient dû plus sûrement me faire fuir que me séduire. Ce fut l'inverse une fois de plus qui se produisit car, depuis ce jour, pas une seconde, nous ne nous sommes quittés elle et moi…

*Après Marie, après Martine, Thérèse, en un instant fulgurant de lumière, devint le troisième amour de ma vie.*

Je n'y comprenais rien ! Cette petite, traversant un siècle de distance, s'installait chez moi avec l'audace tranquille d'une enfant et, se mettant au chevet de mon âme malade, m'y parla de confiance, d'abandon, d'amour, d'éternité. Et cela en des termes dont il me fut impossible de douter. Ce petit docteur-là connaissait mes blessures et détenait dans sa trousse tous les remèdes à mon mal !

Au fil des pages je sentais jaillir en moi une joie jusqu'alors inconnue. Mgr Guy Gaucher me présentait Thérèse en des termes d'une qualité rare. Il me permit sans doute, et cela n'était certainement pas un effet du hasard, de franchir l'écueil du langage floral thérésien. Aujourd'hui je pense, de toute évidence, que ce langage est un filtre pour les orgueilleux et les superbes, pour les sages et les savants. Thérèse bien involontairement le mit, ce n'était tout simplement que sa manière d'écrire, mais le Seigneur se sert de tout ; Car il faut pour franchir le filtre du style de Thérèse, redevenir simple comme un enfant. Il faut tout laisser de l'autre côté de ce voile, nos certitudes, nos idées toutes faites, et notre orgueil. Je devais certainement en être très encombré, de toutes ces valises pleines de quincaillerie humaine, pour que Thérèse jugeât bon de m'en délester. Elle chargera Guy Gaucher de le faire. Son livre m'y aida amplement et me permit d'aborder la lecture d'*Histoire d'une âme* avec un regard rénové.

J'ai recherché souvent quelle image forte je pouvais

donner à mes frères pour leur faire « voir » ce que fut ma toute première rencontre avec Thérèse. L'image la plus proche de la réalité serait, sans nul doute, celle d'un naufragé solitaire qui, au bout de trente-deux ans de solitude et d'angoisse, sous des cieux perpétuellement noirs et voguant sur des gouffres abyssaux, verrait soudain apparaître au loin une terre inconnue baignée de lumière. Je savais au plus profond de moi que cette terre était une terre d'asile et de paix, celle que depuis toujours je recherchais.

Infiniment troublé, le mot est faible, par cette lecture, je la fis partager à Renaud. Il avait été, ces derniers mois, mon compagnon de route et j'attendis avec impatience son verdict. Je n'eus pas à patienter bien longtemps. Le choc fut identique au mien. Je ne peux m'exprimer à sa place, mais je sais qu'il ne me contredira pas si j'écris que lui aussi fut bouleversé.

Sans plus tarder, je fis l'acquisition de *Histoire d'une âme*. En une nuit le livre fut dévoré. Décidément je vais encore me répéter en disant la difficulté que j'ai à trouver les mots pour décrire ce que je ressentis [1]. Je peux dire ceci :

*L'homme qui ferma le livre, plus jamais ne fut le même que celui qui l'ouvrit.*

Mystérieusement, la voix, qui depuis des années en moi, me répétait invariablement après chacun de mes errements : « Continue, continue, ce n'est pas ça encore », cette voix avait totalement disparu, laissant place à une certitude absolue :

*Dieu existait. Dieu était mon Père. Dieu m'aimait. J'en étais convaincu !*

Plus jamais, depuis ce jour, je ne fus seul. Et je ressens si bien cet accompagnement, fait d'infinie tendresse et d'amour, que toujours je m'oblige, du mieux que je

---

1. J'apprendrai plus tard que c'est l'une des plus grandes difficultés rencontrées par les convertis.

peux, à rester digne du regard de Père qu'Il pose sur moi tous les jours de ma vie.

Plus jamais, depuis ce jour, je n'eus de questions sans réponses, immédiates, claires et précises. Si bien que je ne m'en pose pratiquement plus tant ma confiance s'est installée en Lui.

Plus jamais, depuis ce jour, je n'eus d'angoisses avec Thérèse à mes côtés. Dieu a choisi cette enfant, cette petite fille si fragile pour l'envoyer dans la pire nuit des hommes, celle de l'âme. Et si jamais, par un destin que je me refuse à imaginer (mais que sait-on de l'avenir ?), mes lieux d'épouvante devaient resurgir, je sais avec certitude qu'elle m'y suivrait pour m'en protéger[1].

Pour avoir réfléchi longtemps et très souvent à cette métamorphose, (je ne connaissais pas encore à l'époque le mot « conversion », du moins dans le sens religieux du terme), je peux affirmer qu'elle ne dut rien à une cause intellectuelle ou sentimentale. En un éclair de lumière apaisant et silencieux, j'eus la compréhension instantanée que Dieu existait et qu'Il m'aimait. Il n'était plus pour moi une vague force cosmique diluée dans le néant décoloré de l'espace, Il était un Père aimant, mieux même, une mère d'une tendresse incommensurable. Spectateur ébloui, j'assistais à la transformation de ma vie. Moi qui avais toujours espéré voir de grandes choses, des signes dans le ciel, des manifestations surnaturelles, je devenais témoin du plus grand des miracles, beaucoup plus grand que l'ouverture des mers en deux ou la danse du soleil : la transmutation d'une âme, en ce jour, la mienne.

Moi qui pensais, pour l'avoir souvent dit, que Dieu, s'Il existait vraiment, ne me surprendrait jamais, Il arrivait chez moi par un chemin inattendu, une porte

---

1. Didier Decoin, prix Goncourt et converti, dans un article magnifique accordé à la revue *Thérèse* la nomme : « Thérèse de la nuit » ou encore : « amiral de toutes les nuits ».

inconnue, précédé d'une merveilleuse enfant : Thérèse. Je regardais vers les hauteurs, très au-dessus de moi ; ce Dieu était dans les petites choses à mes côtés, tout proche. C'est mon intelligence qui le cherchait, c'est mon cœur qui le trouva. Je courais en tous sens, il fallait simplement que je m'arrête.

Que tous ceux que j'aime me pardonnent ce que je vais écrire, mais de loin, très loin, ce fut le plus grand et le plus beau jour de ma vie. Qu'ils comprennent bien qu'en disant cela je ne retranche rien du bonheur que tous m'apportent, bien au contraire, mais je sais maintenant que ce bonheur prend sa source dans le cœur de Dieu.

« *Je suis le Chemin, la Vérité et la Vie.* » La phrase sibylline de mon enfance, gravée au fronton de mon église de quartier, devint de feu dans mon cœur. Je revis la maman d'Alice au chevet de son enfant morte et je compris sa force. Je revis Marie-Jeanne et je compris sa foi solide, simple et fidèle. Je comprenais, enfin, la douceur apaisante des religieuses de Puyricard et de l'abbaye du Thoronet. Je venais, grâce à Thérèse, de découvrir l'habitant mystérieux de leur vie :

*Jésus.*

Je pourrais écrire encore et encore écrire, accumulant les adjectifs et les superlatifs, avec bonheur ou maladresse, aucun ne donnera jamais la mesure réelle de ce que je ressentis à la lecture de Thérèse.

Aujourd'hui encore je ne me suis toujours pas habitué à ce bonheur. Jamais l'habitude ne l'altérera, il est la toile de fond de toute ma vie.

« Chaque seconde s'appelle TOI » écrirai-je plus tard en songeant à l'obsession de l'amour du Christ pour moi. Et à chaque seconde je ne peux m'empêcher de penser qu'Il pense à moi. S'il m'arrive d'être infidèle dans mes actes, par faiblesse la plupart du temps, jamais je ne le suis dans mes pensées. Il en est l'habitant permanent.

Renaud et moi étions comme deux enfants devant cette prodigieuse découverte.

*CHAPITRE XXIII*

# AUX PORTES DE L'ÉGLISE

Je ne savais pas par où commencer l'exploration de ce monde nouveau que je venais de découvrir. Je voudrais bien insister sur la non-violence de ce qui se passa en moi à la lecture du livre de Thérèse. Il n'y eut pas de choc à proprement parler, même si j'ai parfois utilisé ce mot. Ce fut plutôt un envahissement progressif de tout mon être. Une incroyable certitude, qui montait en moi, de l'existence de Dieu. Je savais « de l'intérieur » que Thérèse disait vrai. Curieusement je sentais que tout basculait dans ma vie, du désespoir à l'espérance, de la nuit à la lumière, de la tristesse à la joie et de la solitude à la plénitude de l'amour. Car, là fut ma plus grande découverte : celle de me sentir aimé.

Jamais je n'insisterai assez pour dire que ce ne fut pas un lavage de cerveau. Ma personne fut intégralement respectée et jamais rien ne se passa en moi sans ma totale adhésion, et, la plupart du temps, à ma demande. Dieu est un souffle, une brise, il faut être en silence pour l'entendre.

Les mois s'écoulèrent ainsi en compagnie de Thérèse et sous le regard de Dieu. C'était un bonheur total ou presque... En effet Thérèse aimait l'Église éperdument, et je pensais en cela qu'elle se trompait, j'en étais assez contrarié. Penser cela d'elle me gênait beaucoup. Il me semblait entendre ses reproches. Thérèse me prenait la main et moi, comme un mauvais garnement, je traînais encore les pieds pour avancer ! Était-il raisonnable de choisir le Christ et de rejeter son Église ? Je ne me sentais pas du tout en accord avec moi-même. Et pourtant rien ne m'inclinait à faire quelque effort pour arranger cette situation. Je m'en sentais d'ailleurs bien incapable, tant la distance à parcourir pour revenir dans l'Église me paraissait infranchissable. C'est précisément en pensant cela que j'eus ma réponse ! Thérèse me la donna dans ses écrits. Ce fut un peu comme si elle me disait : « Puisque tu sais que tu ne peux pas, demande au Seigneur de le faire pour toi. » Je fis ce qu'elle me conseilla et cela marcha au-delà de toutes mes espérances : je demandai au Seigneur de m'apprendre à prier car j'avais beaucoup de mal à comprendre le sens de la prière. Je percevais la prière comme quelque chose de très complexe réservé en quelque sorte aux mystiques. Quelques jours après cette demande intérieure je reçus dans ma boîte aux lettres une circulaire. C'était une simple feuille de papier, elle émanait d'une fraternité franciscaine de Célony, quartier de la périphérie aixoise très proche du mien. Cette circulaire invitait à des « partages d'Évangile » pour le temps de Carême. Ces termes ne figuraient plus depuis longtemps dans mon vocabulaire et ce n'est certes pas cette invitation qui retint mon attention mais plutôt l'expéditeur de la missive : « FRATERNITÉ » ! Car ces gens-là étaient des frères, des religieux, comme Thérèse était une sœur, une religieuse ! Je n'avais aucune notion des ordres religieux. Je découvrais à peine le Carmel en lisant Thérèse mais je pensais que ces frères étaient peut-être mieux que les curés que mes propres décrets me faisaient rejeter ! Je me mis donc à leur recherche. Je les découvris sur un petit chemin du quartier, ils étaient là depuis dix ans et j'étais passé des dizaines de fois sans jamais les voir…

Je me décidai un jour à y aller simplement pour voir à quoi pouvaient bien ressembler ces frères. Je pénétrai dans leur grand jardin. Renaud était avec moi. Ce jour-là, au bout de l'allée centrale se tenait un frère en bure marron, il portait une barbe noire bien fournie et si j'avais connu saint François à cette époque j'aurais pu croire que c'était lui qui m'attendait. Méfiant, je décidai de ne rien dire à cet homme de ma « rencontre » avec Thérèse, j'en avertis Renaud par avance. J'avais, en effet, bien trop la crainte d'une tentative de récupération qui m'aurait certainement fait fuir. Le frère nous accueillit avec une grande douceur. Je ne lui parlai de rien d'autre que de choses très banales, mon travail, ma famille. Il était très attentif à tout ce que je lui disais et l'intérêt qu'il nous témoigna me toucha beaucoup. Je ne sais combien de temps dura notre entretien au milieu du jardin, un quart d'heure peut-être ? Toujours est-il qu'au moment où je décidais de prendre congé de lui il fit une chose qui restera extraordinaire pour moi et à laquelle je ne me sentis aucunement la force de me soustraire : Il me saisit la main, je crus qu'il me disait au revoir, mais il m'attira vers lui en me disant à peu près ceci : « Voulez-vous venir avec moi saluer le Seigneur ? » Je ne pus m'en défendre et, un peu gêné, je le suivis malgré tout dans la petite chapelle de la fraternité. Là il se mit entre Renaud et moi devant le tabernacle. Très mal à l'aise je le prévins que je ne savais plus mes prières, cela ne sembla pas beaucoup l'embarrasser. Il nous fit répéter mot à mot, comme avec des enfants, une mystérieuse prière à l'Esprit Saint. Je me demandais ce que je faisais là avec ce frère devant cette « boîte » à réciter, comme un gosse, une prière inconnue.

En me dictant la prière il ne quittait pas des yeux le tabernacle, ils étaient pleins de tendresse et de douceur. J'en fus profondément troublé ; cet homme semblait parler à quelqu'un qui était là, vivant. Ce pouvait-il que ce soit Dieu lui-même ?...

Il s'appelait frère Gilbert.

En le quittant je me promis de ne pas revenir trop souvent, je n'étais décidément pas encore prêt à adhérer à l'Église, le miracle de la conversion n'avait pas altéré ma volonté.

Dans les jours qui suivirent ma visite à la fraternité, je devais m'envoler pour un voyage d'une semaine dans un club de vacances en Espagne. Ce voyage m'était offert par l'entreprise qui m'employait. Nous étions de nombreux commerciaux à avoir mérité ce séjour par nos bons résultats. C'était bien sûr une bonne occasion de faire la fête tous ensemble…

L'image du frère Gilbert devant le tabernacle ne me quitta pas une seconde durant tout mon séjour. Sur place, je louai une voiture et je fis la visite des églises de la région (en Espagne elles ne manquent pas) en essayant de comprendre. Je n'avais qu'une hâte : retourner au plus vite à Aix pour y retrouver mon frère Gilbert. À peine les valises posées c'est lui qui m'appela. Je revins le voir en compagnie de Renaud et à chacune de nos visites le même rituel se déroula ; il nous entraînait dans la chapelle, devant le tabernacle et là sous nos yeux il était comme transformé. Désormais nous ne pouvions plus nous empêcher de venir le voir.

La fraternité franciscaine de Célony est une maison accueillant les frères âgés revenant du Maroc. Le frère Gilbert y était l'un des plus jeunes, placé là pour les divers besoins domestiques et matériels. Bon nombre des frères étaient d'un âge avancé. Je demandai un jour au frère Gilbert la permission d'assister au chapelet dit en communauté tous les soirs à 18 heures. Je le sentis un peu gêné, presque réticent, et sa réponse fut plus qu'évasive. Je passai outre cette impression et, sans son autorisation, je vins un soir assister à la prière commune. Dès le début je crus comprendre pourquoi le frère n'était pas très chaud pour que j'assiste au chapelet. En effet, leur prière paraissait rude et machinale, sans fioritures ni grandes envolées spirituelles. Elle eut sur moi l'effet contraire de celui que redoutait peut-être le frère : la prière de ces hommes âgés, fidèles jusqu'au bout de leur vie, me toucha plus que toutes les liturgies travaillées auxquelles il m'a été donné d'assister par la suite. Il y avait dans cette assemblée de franciscains un homme que je n'oublierai jamais car c'est par lui que le Seigneur m'accorda la grâce de comprendre la prière, le frère Laurent. Il était là, toujours à la même place, courbé par les années (il approchait les quatre-vingt-dix ans), sa prière lancinante avec des intonations rocailleuses était quasiment inaudible. Pour un regard superficiel, la pauvre prière du frère Laurent n'avait rien d'édifiant. Moi, je me disais, certainement aidé dans ma réflexion par une puissante grâce céleste, que seule Marie, comme une maman comprend les mots malhabiles de son enfant, pouvait comprendre les mots usés par une vie du frère Laurent, son enfant. Je venais de découvrir la prière par la grâce de cet homme. Et, délicatesse du ciel, le Seigneur m'accordera de faire à ses côtés, alors qu'il ne parvenait plus à parler, une dernière dizaine de chapelet au moment où il s'apprêtait au grand départ.

Si un jour on me presse de dire si j'ai connu un saint sur terre, rompant l'interdiction que je me fais de porter ce type de jugement, je répondrai sans hésiter : le frère Laurent.

La découverte de la prière fut, pour Renaud et moi, comme une propulsion dans l'Église. La réponse de Dieu ne s'était pas fait attendre : nous étions en mai-juin 1983.

Il restait les sacrements. Nous n'arrivions toujours pas à comprendre, Renaud et moi, l'Eucharistie. En revanche ce que nous commencions à entrevoir c'est qu'il fallait un peu faire silence en nous et nous laisser porter, comme notre Thérèse, par le Seigneur lui-même. Nous lui avons ouvert nos cœurs et Il a fait le reste. En l'espace de quelque temps une véritable transformation s'opéra en nous avec notre accord. Tout, autour de nous, sembla se mobiliser pour nous servir de balises sur le chemin de l'Église. Avec le frère Gilbert, et le frère Laurent, il y eut le frère Denys dont la présence fut déterminante. Il fut celui qui donna les dernières touches au travail considérable déjà accompli par Thérèse et qui nous réconcilia définitivement avec l'Église. Je passai des soirées entières dans sa petite cellule à le presser de questions. Avec Renaud il nous fit découvrir l'Évangile, l'adoration, il nous apprit le chapelet. Ce qui fut à la fois étrange et surprenant c'est la compréhension progressive que nous eûmes, Renaud et moi, de l'enseignement de l'Église. En effet nous sentions lentement s'expulser de nous l'accumulation polyforme et désordonnée de toutes nos lectures, et dans le même temps, le vide ainsi laissé s'emplissait immédiatement d'une connaissance spontanée et uniforme des grands mystères de l'Église. Comme une source comble et envahit harmonieusement de son eau les moindres interstices sur son chemin, les recoins de nos vies furent comblés de l'eau vive d'un savoir non appris, d'un enseignement sans paroles [1]. Dès lors nous nous sentions portés à faire naturellement des choses proprement impensables, ne serait-ce que quelques mois plus tôt : chose incroyable, par exemple, lorsque j'y repense, le frère Denys, ordonné prêtre à cette époque, nous entraîna au service de la liturgie et nous servions la messe en aube blanche à ses côtés !... Jamais je ne me

---

1. Dans ses entretiens avec Jean-Paul II, André Frossard évoque cet aspect inné de l'enseignement de l'Église qu'ont d'instinct tous les convertis : « Il y a un argument en faveur de l'Église : je n'ai pas "vu Dieu", non ; mais sa lumière, oui. Et l'on ne sait généralement pas, ou l'on a oublié que cette lumière n'est pas la lumière physique qui frappe et ricoche avec indifférence, mais une lumière de vérité, une lumière proprement enseignante qui informe en éclairant et qui en un instant vous en apprend plus sur la religion chrétienne que dix ouvrages de doctrine. Or, et c'est un bien grand sujet d'étonnement, cet enseignement sans paroles est exactement celui de l'Église. » (André FROSSARD, *N'ayez pas peur*, Paris, Éd. R. Laffont, 1982.)

serais cru capable de faire une chose pareille et pourtant je la fis et la refis sans crainte ni difficultés et je considère toujours aujourd'hui qu'être à l'autel aux côtés du prêtre est un immense honneur.

Cette période fut pour moi merveilleuse, tout dans mon esprit devint limpide et pur comme diamant. Toutes les fausses certitudes accumulées depuis des années furent balayées en quelques mois, sans heurt, ni violence, mais tout simplement avec une infinie douceur, signe de l'Amour véritable du Créateur pour sa créature.

Je savais dorénavant avec une certitude absolue que pour l'éternité, dans l'Église, je ne serais plus jamais seul.

En revenant dans cette Église, j'eus le sentiment troublant et réconfortant de ne jamais l'avoir quittée. J'en étais sorti pendant le concile Vatican II et je la retrouvais plus belle et plus jeune que jamais. Je savais au plus profond de mon cœur que ma place y avait été gardée depuis mon départ.

Après un bien long périple, j'étais enfin de retour chez moi.

*CHAPITRE XXIV*

# DANS LE CŒUR DE L'ÉGLISE

*Une lumière qui s'avance…*

« Qu'est-ce donc que cette lumière qui s'avance et se répand sur toute la terre ? C'est le Christ qui se continue dans l'humanité qu'il a vivifiée de l'Esprit Saint ; son Église qui passe à travers le temps et s'étend dans le monde. Elle rencontre des hommes mortels et dépose en eux une étincelle d'immortalité ; elle les trouve agités, malheureux et rongés par le péché et les régénère dans l'allégresse et la sérénité ; elle les découvre cheminant, fous et éperdus dans le désert et le crépuscule de la vie présente, et elle les rassemble, les met en ligne, les ramène sur un chemin qui sait où il va et ne connaît pas la fatigue [1]. »

Ces mots merveilleux sur l'Église, lus quelques années plus tard, je les retranscris car ils disent avec une justesse émouvante ce que je ressentis en revenant dans son sein. C'est cette Église qui par son enseignement permanent, son amour et sa fidélité à l'Évangile allait me permettre d'enrichir et fortifier ma foi en faisant de moi un homme debout et digne. Aujourd'hui, je le dis sans retenue et sans pudeur : je déborde d'amour pour elle et ne lui rendrai jamais assez tout ce qu'elle me donne gratuitement et sans mesure. Ses trésors sont les miens et j'en profite abondamment !

---

1. PAUL VI, homélie de Pentecôte, 6 juin 1965.

Nous fûmes accueillis par la petite communauté de chrétiens du quartier de Célony, des gens simples et fidèles depuis des années. Les offices religieux se tenaient les dimanches matins chez les frères franciscains car la chapelle du quartier, une grande cabane militaire en bois, était abandonnée depuis plusieurs mois. Ce modeste et fragile édifice avait été transporté dans les années 50 aux frais d'une dame pieuse et charitable, Mme Vialy, en l'honneur de Notre-Dame du Rosaire. Quand Renaud et moi arrivâmes dans la paroisse, un projet circulait pour remettre en état cette chapelle. Les fonds manquaient autant que les bonnes volontés. Il faut dire aussi que l'hébergement dominical des frères franciscains, plus que confortable, ne favorisait en rien un quelconque effort pour la réalisation du projet de rénovation de Notre-Dame du Rosaire. Et pourtant, en ce qui me concerne, cela devint un appel pressant. Je me sentis comme investi par cette mission. J'y allais le jour, j'y allais la nuit pour avancer le chantier. Nous faisions avec Renaud du porte-à-porte pour recueillir un peu d'argent auprès des habitants du quartier sans nous soucier aucunement de leurs convictions. Nous fûmes toujours très bien accueillis car nous devions être très convaincants ! Sous la tutelle et l'impulsion du père Denys nous organisâmes des kermesses qui furent de véritables réussites tant sur le plan de l'amitié que sur le plan matériel. Cette période fut pour moi entre ciel et terre. J'étais souvent ému jusqu'aux larmes en pensant que Marie m'avait choisi, moi l'ancien mécréant, pour être l'artisan de la remise en fonction de sa chapelle car je savais, j'étais sûr, du plus profond de moi-même, que c'était elle qui m'appelait. Je trouvais ce signe de confiance et de tendresse d'une délicatesse inouïe de sa part. Jamais je n'oublierai.

La chapelle fut ainsi rouverte et la vie paroissiale reprit son cours normal. Le père Denys prit ses fonctions officielles de curé et, à ses côtés, avec Renaud, nous continuions à découvrir les richesses spirituelles de notre Église. Ce fut un temps de grand bonheur. « L'Esprit Saint souffle sur Célony » répétait le frère Gilbert. Il avait raison.

C'est vers cette époque que je situe l'événement qui va suivre.

Nous avions avec Martine deux véhicules, l'un professionnel pour moi et une petite voiture pour elle, une Diane. Nous avions acheté cette dernière quelque temps après notre mariage avec l'aide précieuse de notre grand-mère Augusta. En effet, quelques années plus tôt, en 1976, j'étais en pleine période de délire et je venais de détruire, un soir d'excès, ma première voiture neuve. Je devais donc non seulement assumer l'achat d'un nouveau véhicule pour mon travail, mais de plus, étant très mal assuré, continuer à payer les mensualités du véhicule détruit dont le crédit démarrait à peine ! Martine faisait des allers-retours incessants pour l'école, il lui fallait impérativement un véhicule. Mes déboires matériels, et ce malheureux accident, ne nous permirent pas d'envisager sérieusement un achat de ce type. Augusta comprenant nos difficultés financières et notre besoin réel de ce véhicule nous prêta l'argent pour en faire l'acquisition.

La voiture achetée d'occasion avait donc six ans et parvenait visiblement au terme de son parcours. De réparation en réparation elle devenait de moins en moins sûre pour Martine. Nous devions envisager son changement. Une occasion se présenta à nous, cette voiture nous convenait en tous points. Seulement voilà, son prix, quinze mille francs, nous arrêta. Nous nous relevions à peine des difficiles années que je venais de faire subir au foyer et il n'était pas raisonnable de nous charger d'un crédit de plus. Il valait mieux attendre. Après avoir essayé le véhicule, je le ramenai au vendeur, plus déçu que lui de ne pouvoir donner suite.

Je ne pus m'empêcher de penser à Augusta, me disant que si elle avait été là elle nous aurait certainement aidés. Je regardais le ciel en lui parlant, lui demandant ce qu'elle pouvait bien faire là-haut...

Quelques jours après l'essai de la voiture nous étions, Martine et moi, installés devant la télévision quand apparut sur l'écran le tirage du Loto. Il faut que je dise que depuis des années, avant sa mort, Augusta avait pour habitude de jouer toujours les mêmes numéros de Loto. Elle avait demandé à Martine de continuer à les jouer après sa mort. Fidèlement elle le fit toujours et continue encore aujourd'hui. Ce soir-là devant le poste de télévision nous crûmes rêver ; sous nos yeux cinq des numéros d'Augusta venaient de s'inscrire sur l'écran ! Nous ne savions pas combien cela pouvait rapporter mais nous étions très excités car cela pouvait représenter beaucoup d'argent. Le lendemain à la lecture du journal nous apprîmes que nous avions gagné très exactement quinze mille francs ! Le prix de la voiture. Nous tenions la voiture c'est vrai, mais par-dessus tout je compris que j'avais mon signe de l'au-delà. Augusta était en vie et elle me le faisait savoir car ce signe lui ressemblait bien. Elle, femme efficace et dynamique, avait choisi le bon moyen pour se faire reconnaître. J'en fus d'autant plus convaincu qu'à une case près du bulletin nous aurions gagné vingt fois plus soit trois cent mille francs ! C'est un peu comme si Augusta, par ce détail, me disait : *« Tu voulais un signe ; le voici, tu as ta voiture aussi, rien ne sert d'avoir plus. Cela doit te suffire. »*

J'étais comblé comme si le ciel se mêlait à la terre. Mon père, Alice, Augusta, ils étaient tous plus vivants que jamais, je le savais à présent. Je ne revis plus jamais mon père dans mes rêves, vêtu de haillons et tapant à ma porte pour me demander de l'aide. Il était, pour moi, dans la lumière et la paix. La mort était vaincue. Je ne le croyais pas, j'en étais sûr. Et si sûr que j'écrivis ce poème, ivre d'une joie nouvelle :

*CROIRE*

*Cela veut presque dire ne plus douter,*
*Vaincre le doute.*
*Alors je ne crois plus ! Je sais.*
*Je sais comme l'on peut savoir le temps qu'il fait.*
*Je sais comme l'on peut savoir qu'on a deux bras,*
*Deux jambes, un cœur qui bat,*
UN *Dieu.*
*Non je ne crois pas en Toi mon Dieu*
*Je Te sais*
*Je Te sens*
*Je Te vois*
*Je vis en Toi, Tu es en moi.*
*Chaque seconde de ma vie s'appelle* TOI.
*Et moi je reste là,*
*Abasourdi par cette immense découverte...*
*Je ne Te savais pas si bon*
*Car je T'avais toujours prêté mes sentiments,*
*Mes humeurs, mes états d'esprit.*
*Je ne Te savais pas si indulgent,*
*Puisque je ne savais pas pardonner.*
*Je ne Te savais pas si aimant*
*Car je ne savais pas aimer.*

Je vis désormais le monde sous un éclairage nouveau. Il était par le miracle de la foi littéralement transformé. Un jour, pour tenter d'exprimer la force de ce changement, je dis à un prêtre à qui je racontai mon histoire qu'il me semblait que mes yeux avaient été changés et remplacés par des yeux neufs. Il me répondit simplement : « Tes yeux n'ont pas été changés, André, ils se sont ouverts ! Les écailles sont tombées. » Et il me raconta l'histoire de saint Paul. Oui, c'était bien cela, mes yeux s'étaient ouverts à la vraie lumière et mon cœur aussi.

Thérèse devint la compagne invisible de mes jours, discrète, effacée mais présente, me parlant de Jésus. Le coup de foudre que j'eus pour elle et la passion que j'ai toujours et que j'aurai vraisemblablement jusqu'au terme de ma vie sur terre, est un sentiment de profonde amitié religieuse et spirituelle.

Thérèse, lorsqu'elle s'occupe d'une âme, la veut tout entière à Jésus. Thérèse est à côté de moi, jamais devant en me cachant l'essentiel. Elle n'attire pas pour elle-même, toujours et sans relâche elle pousse et guide vers Dieu. Thérèse est un piège d'amour, elle se fait aimer de tous et récupère cet amour pour Dieu. « Thérèse est une ruse du Saint-Esprit [1]. »

« Tout le monde m'aimera », disait-elle. Quelle prétention au premier regard ! Comme tous les amis de Dieu, en fait, elle prophétisait en exprimant cela. Quand l'Église aux yeux du monde paraît vieillir, quand elle est rejetée par tous, quand elle marche courageusement à contre-courant des modes et des mœurs, Thérèse est la preuve vivante, dans cette Église, pour le millénaire qui finit et celui qui commence, de l'éternelle jeunesse de l'Évangile. Elle est la preuve aussi, tant elle est aimée du monde, de l'attirance et de la soif de tous pour un monde meilleur.

*Elle est pour moi, par la rencontre qui fut la nôtre, la preuve irréfutable et définitive de l'existence de Dieu.*

---

1. Emmanuel Mounier.

*CHAPITRE XXV*

# COMME UN BARRAGE SE BRISE

L'homme ancien en moi n'est pas mort, il marche toujours. Ma conversion, aussi éclatante fût-elle, se poursuit tous les jours et c'est certainement pour cela que j'en parle sans cesse, car je m'en émerveille quotidiennement. Le converti, et je me suis fait à cette idée (peut-être pas mon entourage) est un dérangeur (pour être poli !). Bernanos en dit ceci : « Car je ne suis pas un converti, j'ai presque honte de l'avouer, puisque depuis une vingtaine d'années [1] la mode est aux convertis, peut-être parce que les convertis parlent beaucoup, parlent énormément de leur conversion, un peu à la manière de ces malades guéris qui ne nous font grâce d'aucun des détails de leur ancienne maladie. »

Peut-être a t-il raison et je ne lui en veux pas de dire cela sur notre compte. Bernanos était un grand Thérésien tout comme Didier Decoin aujourd'hui qui semble lui répondre en écrivant ceci sur les convertis : « Les convertis – dont je suis – sont des êtres souvent hybrides, partagés entre la joie de l'éblouissement qui les a fait chanceler et l'angoisse qui les étreint à l'idée que cette lumière merveilleuse vienne à s'éclipser. Je n'ai jamais eu si peur de perdre Dieu que depuis que je l'ai trouvé,

1. Ces propos datent de 1947, alors qu'il donne une conférence aux petites sœurs de Foucauld à Tunis sur le thème « Nos amis les saints ».

tant il est vrai que la menace de la nuit semble toujours plus redoutable à qui a entrevu les étincelantes draperies de l'aurore [1]. »

Quand on a connu la nuit profonde et que l'on découvre la lumière, le grand jour, on ne peut se taire ni rester le même.

L'ambiance familiale se modifia. Tous se demandèrent combien de temps allait bien pouvoir durer cette période mystique tant j'avais habitué mon entourage à ce type de surprises. Généralement mes élucubrations ne dépassaient guère six mois...

Pourtant les mois passèrent et la flamme au lieu de s'éteindre s'amplifia. Renaud se mit à penser sérieusement à une vie religieuse chez les Franciscains, ce qui ne fut pas du goût des ses parents. Je sentais bien qu'ils me tenaient pour responsable de cette décision. Il est vrai que j'avais, en son temps, débauché le grand frère, Hervé, en l'entraînant dans mes escapades nocturnes. Aujourd'hui je pouvais fort bien détourner le petit frère, Renaud, vers une vie religieuse ! Nous eûmes beaucoup de mal, lui et moi, à leur expliquer que l'« appel » venait de beaucoup plus haut. Seule satisfaction familiale : mon accalmie évidente ; mes lieux d'évasion s'étant singulièrement déplacés des bars aux églises ! Le pratiquement alcoolique devint catholique pratiquant ! Les efforts que je fis (et que je fais toujours) pour vaincre ma nature rassurèrent certainement toute la famille. Les fruits de la conversion peu à peu apparurent ne serait-ce qu'à travers ma perpétuelle bonne volonté. Thérèse ne me répétait-elle pas souvent pour me rassurer : « Un saint ce n'est pas quelqu'un qui ne tombe jamais, c'est quelqu'un qui se relève toujours. » Je dois avouer que depuis dix-huit ans cette perspective me gonfle d'espoir. Toutes les chances me sont offertes. Je ne suis jamais découragé de mes chutes. En revanche je fais tout ce que

1. Article accordé à la revue *Thérèse*.

je peux pour qu'elles soient de plus en plus espacées... Je ne compte plus sur mes propres forces pour combattre car il y a maintenant belle lurette que j'ai compris le système : sans Dieu je ne peux rien et c'est bien réconfortant de le savoir. Certains pourront dire que c'est une fuite. Je répondrai : oui ! Certainement ! C'est une fuite en avant... dans les bras toujours ouverts de Dieu. Je ne suis pas « soumis », je suis « mis sous » sa protection amoureuse.

Je fais sans relâche tout ce que je peux et si je ne peux plus je lâche tout. Sachant qu'Il ne m'abandonnera pas, je peux dormir sur mes deux oreilles. C'est Thérèse qui me le dit : « Je vous enseignerai comment vous devrez naviguer sur la mer orageuse du monde : avec l'abandon et l'amour d'un enfant qui sait que son Père le chérit et ne saurait le laisser seul à l'heure du danger [1]. »

C'est « l'orgueil adulte » qui nous sépare du ciel. J'ai beaucoup réfléchi depuis ma conversion à l'immense grâce qui m'a été accordée. Un ami qui connaissait mon histoire et qui m'enviait un peu me le fit un jour remarquer avec violence : « Pourquoi toi et pas moi ? » Je lui devais une réponse. L'exemple du barrage qui se brise me vint à l'esprit. En effet, au départ il suffira d'une toute petite fissure dans le béton qui laissera passer quelques gouttes infimes et puis, inexorablement, avec le temps et sous la pression, le barrage cédera, emportant tout sur son passage.

Il en est de même pour les grâces que Dieu nous destine. Notre orgueil les empêche de nous envahir, de nous remplir, de nous combler. Notre barrage est si solide. Il suffirait pourtant de si peu, d'une simple petite fissure dans ce béton si dur pour que cet immense ouvrage d'orgueil explose sous des torrents de grâces. C'est nous qui avons édifié ce barrage, et nous en sommes fiers. Nous avons le pouvoir de le fissurer en

1. Lettre de Thérèse 258.

redevenant des enfants humbles et confiants. Il suffirait de dire comme le fier et superbe officier Charles de Foucauld[1] : « Dieu, si tu existes, fais que je te connaisse. »

Pour ma part je crois bien avoir fissuré mon barrage en écrivant ce genre de choses :

*Une dernière fois prier*
*Vers un Dieu – souvenir*
*En regrettant un peu*
*Ne l'avoir pas connu…*

Ou bien parlant des chrétiens :

*Et ceux qui le regard*
*Lumineux comme un cierge*
*Me parlent de leur Dieu*
*Au futur éternel*
*Je les envie ceux-là.*

Ou encore en n'oubliant jamais la tendresse de Marie pour moi. Sans doute a t-elle entretenu cette brèche en moi.

Je ne me suis jamais pris non plus pour une « grande personne ». Je les ai même toujours fuies, trouvant leurs propos trop ennuyeux. Je ne connaissais pas encore le mot de Jean XXIII : « Il faut tout prendre au sérieux mais ne pas se prendre au sérieux. » Mais je l'ai fait mien depuis car sans pouvoir l'exprimer, c'était bien mon état d'esprit d'alors.

Prendre conscience de sa petitesse ne veut pas dire être insignifiant. « Nous sommes plus grands que l'Univers entier. Un jour, nous aurons nous-mêmes une existence divine[2]. »

---

1. Il rencontra Dieu et devint le « petit frère Charles ».
2. Lettre de Thérèse 83.

J'ai dit alors à mon ami de regarder le ciel de temps en temps dans sa détresse. Je lui ai conseillé aussi de dire un simple mot : « Père » et d'attendre... Je suis sûr que le reste se fera s'il suit à la lettre mon conseil. Le fera-t-il ? C'est son affaire. C'est toujours le Seigneur qui nous attend, Il ne fera rien sans nous. Dans tous les tabernacles de la terre Il nous attend. Sur nos chemins de détresse Il nous attend. Le Maître du temps passe son temps à nous attendre et nous passons sans le regarder. Un mot de nous pour qu'Il arrive et jamais nous ne le disons ce mot : « Oui ! Seigneur viens dans ma vie. » Que mon ami le dise ce mot et il partagera, à son heure, ma merveilleuse découverte.

Il n'est pas étonnant de voir dans les prisons des merveilles de conversions, des rencontres subites avec Dieu. L'homme y est seul, souillé par son crime et seul aussi face à la société qui le juge et le condamne. Thérèse aime ces lieux où les âmes sont à nu, douloureuses et fragiles, car elle peut y exercer son ministère d'Amour. Ces âmes-là sont redevenues pauvres comme le sont les enfants, pauvres de tout le superflu des hommes, elles peuvent alors redevenir riches de l'essentiel.

Comme sur les champs de bataille de la Grande Guerre, Thérèse y réalise de véritables exploits de conversion. Elle est la première à se précipiter dans la fournaise des combats et les désespérances de la vie pour y sauver des âmes. C'est pour cela qu'elle sera avec certitude la sainte du troisième millénaire car elle connaît les moindres recoins de la nuit de nos néants. Nos cultures de mort et de matérialisme outrancier fabriquent des âmes pauvres et nues qui cherchent Dieu. Thérèse sera là, « amiral de toutes les nuits [1] ».

---

1. « Thérèse est l'amiral de toutes les nuits, elle est le chat nyctalope qui distingue le monde de Dieu dans la nauséeuse décoloration de la nuit des hommes » (Didier Decoin).

Le père Marie-Michel écrit ceci de Thérèse :

« Et si tu doutes de toi ou de Dieu, Thérèse insiste et murmure au fond de ton cœur : “Ne crains pas, plus tu seras pauvre, plus Jésus t'aimera... Il ira loin, bien loin pour te chercher [1]...” » « Par sa vie d'hier et sa mission d'aujourd'hui, Thérèse prépare la *spiritualité du troisième millénaire* : des blessures les plus profondes peut renaître une enfance, des abîmes les plus noirs peut ressusciter une confiance, du quotidien le plus banal va surgir un amour fou. Seuls les pauvres et les paumés qui n'ont plus rien à perdre sont libres pour se laisser aimer. Thérèse est *le signal universel* d'une ère nouvelle. Le plus beau est devant nous. Comme jamais, la Bonne Nouvelle est annoncée aux pauvres. Au cœur de la nuit. Dieu va venir [2]... »

Oui, croyez-le...
Car pour moi, André, Il est venu.

---

1. *Œuvres complètes*, Paris, Éd. du Cerf, 1992, Lettre 211 à Céline, p. 567.
2. P. MARIE-MICHEL, *Nés pour aimer*, Paris, Le Sarment-Fayard, 1996.

*CHAPITRE XXVI*

# DIEU EST AMOUR

12 juillet 1996. Ce jour-là je vis un rêve : il y a quelques semaines mère Thérèse Madeleine, prieure du carmel d'Aix-en-Provence, me téléphone pour me dire à peu près ceci : « André, pourriez-vous nous rendre un grand service ? Seriez-vous prêt à transporter les reliques de sainte Thérèse du carmel d'Aix vers celui d'Arles et d'Uzès ? »

En un instant il me semble voir l'invisible ! Une telle grâce est-elle possible dans ma vie [1] ? Il y a seulement quelques mois en arrière, alors que j'avais d'énormes problèmes professionnels, je me plaignis tout haut à Thérèse de son silence. Amicalement je lui reprochais de ne me donner aucun signe de sa présence tout en lui faisant bien remarquer qu'elle-même n'hésitait pas à « désirer », lorsqu'elle était sur terre, de tels signes. Évidemment, à aucun moment je n'ai douté de son amitié pour moi, jamais je l'affirme, mais là, au bout du rouleau, il me fallait quelque chose de concret ! J'en avais un impérieux besoin, au risque même de mettre le ciel à l'épreuve.

De plus, tous les deux ans, environ, j'essaie de me

---

1. Il faut savoir que les reliques de Thérèse sortent très rarement de Lisieux. Il y a quelque 50 ans qu'elles n'ont pas été transportées. En cette année 1996, elles commencent un long périple pour l'année du centenaire : 1897-1997.

rendre à Lisieux. Cette année 1996 je ne pouvais pas y aller étant donné l'ampleur de mes problèmes. Il fallait vraiment que Thérèse fasse quelque chose… Et là, ce coup de téléphone merveilleux de la mère prieure me demandant si j'étais disponible pour véhiculer Thérèse ! Il me sembla d'un coup voir Thérèse en face de moi avec un petit sourire malicieux me dire : « Alors, André, il y a quatorze ans que je te conduis, voudrais-tu bien à ton tour me conduire quelques heures sur les routes ? »

Et de continuer avec ce sourire de fraternelle complicité : « Cette année je sais que tu ne peux pas venir à Lisieux, alors c'est moi qui ferai le déplacement. Cela te convient-il comme signe ou veux-tu que je fasse plus encore ? »

Je vis là une marque de sa merveilleuse délicatesse. Sa fidélité, son amitié pour moi, sa patience aussi, me touchent souvent jusqu'aux larmes. Mais là, vraiment, elle mettait le paquet !

Le voyage d'Aix à Uzès en passant par Arles se fit entre ciel et terre. Avec le père Paul, carme accompagnateur officiel des reliques, le père Denys mon curé était du voyage. De connivence avec ce dernier et afin de le récupérer au passage, sans prévenir personne j'ai détourné Thérèse, un court instant, pour lui faire traverser et en quelque sorte « bénir » notre paroisse. Discrètement et officieusement quelques paroissiens vinrent la saluer devant l'église d'Eguilles.

Ce moment comptera comme l'un des plus importants de mon existence, j'aurais voulu qu'il dure, qu'il dure… Jamais depuis ma rencontre avec elle je n'ai douté de sa présence attentive à mes côtés, mais en ce jour béni je l'ai sentie « physiquement » présente. J'étais si fier d'avoir été choisi pour l'accompagner. Mes sœurs du carmel d'Aix me firent preuve aussi d'une grande amitié en pensant à moi.

Thérèse pourra pendant longtemps me laisser sans

aucun signe car par la qualité et la force de celui-ci elle m'aura vraiment comblé au-delà de toute mesure.

Débordant de bonheur je lui écrivis ce poème d'un seul trait :

*Thérèse la sœur de mon âme*
*Ce matin c'est pour moi le ciel*
*Je te regarde à mon réveil*
*Et mon cœur s'habille de flammes*

*Nous avons rendez-vous tous deux*
*Ma petite sœur de lumière*
*Tu m'as fixé sur cette terre*
*Ce rendez-vous miraculeux*

*Tu m'attends au cœur du Carmel*
*Pour te conduire sur les routes*
*Thérèse, parle, je t'écoute*
*Cet instant devient éternel*

*Comment décrire cette joie*
*Il me faudrait des mots nouveaux*
*Des mots qui me viendraient d'en haut*
*Qui ne serviraient qu'une fois*

*Il faudrait que le temps s'arrête*
*Je vais te chercher tout à l'heure*
*Tu m'attends ma petite sœur*
*Pour moi c'est une grande fête*

*Toi qui me conduis tous les jours*
*Depuis quatorze ans sans faiblesse*
*Qui as balayé mes détresses*
*Je vais te conduire à mon tour*

*Merci ma sœur pour la confiance*
*que tu m'accordes simplement*
*Je suis là je ne sais comment*
*Exprimer ce bonheur immense*

*Que chaque mètre à tes côtés*
*Soit une louange au Seigneur*
*Et la prière de mon cœur*
*Pour ces instants d'éternité.*

Les années qui suivirent la « rencontre » passèrent très vite. Les grâces du ciel ne déployèrent pas au-dessus de ma tête un parapluie antiproblèmes me mettant à l'abri des soucis quotidiens. Il y eut des événements heureux, d'autres qui le furent moins autour de moi. Après Catherine, le Seigneur nous combla de deux autres enfants : Alice, baptisée ainsi en souvenir de celle dont la mort me marqua si fort, et un beau petit garçon, Hervé.

François mourut subitement quelques jours avant la naissance de Hervé. Nous avions fait la paix tous les deux, j'en étais très heureux car j'avais pu le lui dire avant son grand départ. Je décidai, avec l'accord de Martine, de donner deux autres prénoms à Hervé : Jean, celui de mon père, et François ; je voulais ainsi, symboliquement et définitivement, par la puissance sans limite de l'amour, les réunir tous deux sur le nom d'un enfant nouveau-né.

Renaud, quant à lui, après un essai de vie franciscaine d'une année au Maroc puis en France, se maria avec Réjane. Le Seigneur l'attendait ailleurs que chez les frères. Ils ont aujourd'hui un petit garçon du nom de Pierre.

Les plus beaux souvenirs au fil des ans, sans disparaître, s'altèrent, faiblissent et perdent de leur relief. Il n'en est rien de ma rencontre avec Thérèse. Il me semble tous les matins que cela s'est passé la veille. N'est-ce pas là le signe de la vérité « intemporelle » de cette histoire qui vient de Dieu ? Il m'est de plus en plus souvent demandé de témoigner en public de ce qui m'est arrivé. Chaque fois que je dois le faire, je suis moi-même toujours saisi par la redécouverte bouleversante de mon récit (je crois que jusqu'à la fin de ma vie je ne m'y habituerai jamais ! Et c'est tant mieux... l'habitude banalise tout !) Chaque fois que je suis sollicité, en règle générale je le fais sans aucune difficulté, parce que je considère depuis longtemps que ce témoignage ne m'appartient pas. Sans fausse modestie je n'y suis pour rien et je voudrais redire sans retenue avec Thérèse : « Je ne vais faire qu'une seule chose : commencer à chanter ce que je dois redire éternellement – "Les Miséricordes du Seigneur !" [1]... »

Dieu est venu car il était impossible qu'Il ne vînt pas. Sans lui je ne serais pas là aujourd'hui. Ce chemin de tous temps était tracé pour moi. Je me retourne quelquefois et je regarde ce chemin parcouru sur lequel je me croyais désespérément seul. En réalité Il était là, Il a toujours été là à mes côtés.

Aujourd'hui Il est mon Espérance inespérée.

Avant, dans le tunnel, je ne comprenais pas où je pouvais bien aller et c'était un grand désarroi. Je lisais, il y a quelque temps, un article de Mgr Guy Gaucher où il disait ceci : « Parfois quelques signes nous sont donnés du sens profond de notre vie... Nous ne verrons le merveilleux dessin de la tapisserie que lorsque celle-ci sera définitivement retournée. Pour l'instant nous ne voyons que l'envers et l'imbrication étrange des fils – apparemment incohérente – nous déconcerte [2]. »

C'est précisément cela que je ressens en me retournant sur le passé. Je vois le dos de la tapisserie et je voudrais pouvoir dire à tous ceux qui souffrent devant l'« incohérence apparente » de leur vie de ne pas désespérer, de ne pas jeter l'éponge. Nous ne sommes pas seuls dans l'univers. Ce n'est pas pour paraphraser les auteurs de science-fiction qui firent mes délices à une époque que je parle ainsi. Non, je ne fais pas allusion à

---

1. Manuscrit A, *Œuvres complètes*, Paris, Éd. du Cerf, 1992, p. 71.

2. Revue *Vie thérésienne*, n° 152, p. 47.

quelques civilisations éloignées de notre système solaire qui viendraient nous visiter. Même si moi aussi, dans mes délires d'une époque révolue, je les ai un peu attendus, ces extra-terrestres, en désespoir d'autre chose.

Le ciel n'est pas vide, nous ne serons jamais seuls, jamais. J'en suis le témoin depuis dix-huit ans et, fort heureusement, je ne suis pas l'unique (là ce serait inquiétant) à avoir fait cette merveilleuse découverte. Le ciel n'est pas vide, il est tout rempli de Lui. Mais déchantez, les partisans du New Age et autres tenanciers de bazar de la religiosité pour les âmes en perpétuelle recherche d'elles-mêmes : mon Dieu n'est pas une force cosmique dénuée de forme, mon Dieu n'est pas une énergie spirituelle, mon Dieu n'a rien à voir avec de quelconques vibrations positives. Non, mon Dieu s'appelle Papa et Il a un cœur de mère [1]. *Mon Dieu est mon Amour dé-fi-ni-ti-ve-ment* et je suis son amour depuis toujours. Ne vous découragez pas, les paumés, les faibles, les désespérés, les oubliés de tous. Il nous attend à chaque seconde de notre vie, il suffit d'un rien pour qu'Il arrive et qu'Il emplisse notre solitude de son Amour et de sa présence : un mot, un geste, un regard vers le ciel, mais surtout la confiance et l'abandon [2] et Il viendra, c'est sûr, car Il nous aime comme une mère aime ses enfants.

Une petite sœur de Jésus, Élisabeth-Paule, qui me connaît bien et qui sait mon émerveillement devant ma découverte de l'amour de Dieu pour moi, m'a envoyé un

---

1. « L'expérience de Thérèse de Lisieux est l'expérience d'un Dieu Père-Mère qui aime les injustes et les méchants (*cf.* Lc 6, 35) » [Lettre circulaire de Fr. Camilo Marcise et de Fr. Joseph Chalmers, o.c.d.].

2. « C'est la confiance et rien que la confiance qui doit nous conduire à l'Amour » (Lettre 197 de Thérèse à sa sœur Marie du Sacré-Cœur).

texte au dos d'une carte postale sur laquelle, prise en photo, se trouve l'initiale « A » de mon prénom gravée dans la pierre de l'église de l'abbaye de Sénanque (XIIe siècle). Elle voulait de la sorte me « faire voir matériellement » que de tout temps mon nom est ainsi gravé dans le cœur de Dieu. Voici le texte, il est de saint Jean Eudes :

Notre très aimable sauveur nous assure en divers lieux de ses Saintes Écritures, qu'il est dans un soin et dans une vigilance continuelle au regard de nous ; qu'il nous porte et qu'il nous portera toujours lui-même dans son sein, dans son cœur et dans ses entrailles ; et il ne se contente pas de dire une fois ou deux qu'il nous porte de cette façon, mais il le dit et le redit jusqu'à cinq fois en un même lieu (Isaïe 46, 3-4). Et ailleurs, qu'encore bien qu'il se trouvât une mère qui vînt à oublier l'enfant qu'elle a porté dans ses entrailles, lui pourtant ne nous oubliera jamais, et qu'il nous a écrits en ses mains, afin de nous avoir toujours devant ses yeux (Isaïe 49, 15-17), que quiconque nous touche, touche la prunelle de ses yeux (Zacharie 2, 8) ; Que nous ne devons point être inquiets des choses qui nous sont nécessaires pour le vivre et le vêtir, qu'il sait bien que nous avons besoin de ces choses-là, et qu'il en a soin pour nous (Matthieu 6, 31-33) ; qu'il a compté tous les cheveux de notre tête, que pas un d'eux ne périra (Matthieu 10, 30 ; Luc 21, 18) ; que son Père nous aime comme il l'aime lui-même, et qu'il nous aime comme son Père l'aime (Jean 17, 26 ; 15, 9) ; qu'il veut que nous soyons là où il est, c'est-à-dire que nous soyons reposant avec lui dans le sein et dans le cœur de son Père (Jean 17, 24)…

… attendre tout de la seule miséricorde de Dieu.

C'est à quoi nous exhorte le Saint-Esprit quand il dit par la bouche du Prophète Roi : Mettez entre les mains de Dieu toute la conduite de votre vie et tout l'état de vos affaires et ayez espérance en lui, et il en prendra soin (Ps 36, 5). Laissez le soin de vous-même et de tout ce qui vous touche à Notre Seigneur, et lui-même vous nourrira (Ps 54, 23).

Ce texte est magnifique. Jamais je n'avais rien lu de tel avant ma conversion. Je pense d'ailleurs en toute certitude que si je l'avais lu je ne l'aurais pas compris comme aujourd'hui après l'enseignement prodigué par Thérèse. C'est ainsi que je me suis senti aimé.

Dorénavant je ne pourrai plus être le même : cet amour m'a remis debout. Dieu m'a rendu ma dignité car s'Il m'aime tant, je me dois d'être digne de cet amour. Il m'a rendu ma liberté car s'Il m'aime tant rien d'autre que cet amour infini ne compte et ne m'attache. Il est la source de tout amour et plus rien ni personne ne pourra m'attacher plus que Lui et cela sans rien retirer à ceux qui me sont proches : « Je vois avec bonheur qu'en l'aimant, le cœur s'agrandit, qu'il peut incomparablement donner plus de tendresse à ceux qui lui sont chers, que s'il s'était concentré dans un amour égoïste et infructueux[1]. »

Il m'a rendu mon honneur car Lui seul me justifie. Sous son regard tous les matins je suis un nouveau-né, je redécouvre tous les jours ma renaissance.

Il est impensable de dire qu'à chaque seconde je pense à Lui depuis ma rencontre et pourtant je le dis car c'est la pure vérité. Je n'y peux rien. Est-il surprenant lorsque l'on aime quelqu'un de toujours penser à lui ? C'est mon cas, Il est présent sans cesse dans ma mémoire. Il est partout dans tous mes gestes, les meilleurs et les moins bons. Il est dans tous les gens que je rencontre, je ne peux ni ne veux l'éviter. Ce n'est pas une obsession, je ne suis pas un malade, c'est une amoureuse présence, un réconfort, une chaleur, une certitude mais surtout une grande et majestueuse paix. Une paix indicible. Une paix qui n'est pas de cette terre. Plus jamais je n'ai eu peur. Bien sûr je peux craindre les lendemains comme tout le monde, craindre aussi la maladie, la guerre et toutes les calamités de ce pauvre monde, mais je sais que dans tous

---

1. THÉRÈSE DE LISIEUX, Ms C, 22 R°, *Œuvres complètes*, p. 264.

les cas Il sera l'extrême refuge à mes angoisses et qu'en dernier lieu c'est en Lui que je pourrai me blottir. Comme Thérèse me l'a appris. Alors, ce dont je suis sûr c'est qu'avec Dieu dans ma vie…

… plus jamais je n'aurai peur.

*CHAPITRE XXVII*

# À ROME

« Ah ! malgré ma petitesse, je voudrais éclairer les âmes comme les prophètes, les docteurs, j'ai la vocation d'être apôtre [1]... »

Rome, place Saint-Pierre, le dimanche 19 octobre 1997.

Je suis arrivé hier dans la ville sainte. C'est la première fois que j'y viens. J'ai fait le voyage spécialement pour un événement de grande importance : le doctorat de Thérèse ! Cela veut dire qu'elle ne sera plus simplement un intercesseur mais aussi un guide sûr pour la foi des fidèles.

J'ai été accueilli chaleureusement par la fraternité des petites sœurs de Jésus de Tréfontane.

Ce matin la place Saint-Pierre est noire de monde. Thérèse va être déclarée par Jean-Paul II docteur de l'Église ! Le pape « répondant à de nombreuses requêtes » de l'Église universelle nous l'avait déjà annoncé le matin du 24 août de cette année, alors qu'il clôturait à Paris les Journées mondiales de la jeunesse.

Il a choisi le dimanche des Missions pour le faire et cela n'est pas un hasard. En effet, Thérèse en est la patronne universelle [2] avec saint François Xavier.

---

1. THÉRÈSE DE LISIEUX, Ms B, 3 R°, *Œuvres complètes*, p. 224.

2. Celle qu'on a longtemps considérée comme « la petite sainte aux roses » est certes « la plus grande thaumaturge des temps

Sur les trente-deux docteurs de l'Église, il n'y a que deux docteurs féminins : sainte Catherine de Sienne (1347-1380) et sainte Thérèse d'Avila (1515-1582). Thérèse sera donc la troisième.

Le ciel est d'un bleu limpide, pas un nuage. Je suis profondément ému et heureux. Je voulais, je l'avoue, être seul avec Thérèse mais Thérèse ne l'a pas voulu ainsi, et cela est bien, car elle m'a confié à trois petites sœurs de Jésus, trois anges gardiens à mes côtés pour me guider dans la ville éternelle : petite sœur Michèle-Simone, petite sœur Thérèse-Charlotte et petite sœur Bernadette du Viêt-nam. Pour un bonheur si grand aujourd'hui il ne fallait pas moins que ces sœurs-là pour me comprendre et le partager.

Ce matin du 19 octobre 1997, j'ai bien eu l'impression de voir mon Église *encore en marche* se mêler avec celle du ciel *triomphante* pour fêter la plus petite de ses enfants, Thérèse.

Son portrait photographique sur la façade de la basilique Saint-Pierre nous regardait. Ce visage immense et notre pape si petit sous cette photo. Je ne pus m'empêcher de penser, avec une grande émotion, que cent dix ans plus tôt, dans ces mêmes lieux, c'est Thérèse qui vint toute petite [1] s'agenouiller aux pieds d'un autre pape, Léon XIII, pour solliciter son admission au carmel de Lisieux. Cette supplique fut un échec… En apparence seulement, car aujourd'hui à Rome, elle revient rayonnante et illuminée de la gloire que Dieu lui confère.

---

modernes » (Pie XII), « la patronne universelle des missions » (Pie XI, 1927) et de la Mission de France (cardinal Suhard, 1941), la patronne secondaire de la France avec sainte Jeanne d'Arc (Pie XII, 1944), la patronne du Mexique (1929), la patronne du « Russicum » pour l'évangélisation de la Russie (Pie XI, 1929), « la plus grande sainte des temps modernes » (saint Pie X). (Extraits de la *Documentation catholique*, 15 décembre 1991, p. 1087 : « Proposition de doctorat, par Mgr Pierre Pican et par Mgr Guy Gaucher ».)

1. Le 20 novembre 1887. Elle n'avait pas tout à fait quinze ans.

L'Église tout entière avec le pape à sa tête l'honore ! Décidément cette petite fait tout ce qu'elle veut, elle obtient tout ce qu'elle désire, elle va où elle veut aller, c'est insensé ! Par sa confiance audacieuse dans le Seigneur elle le met Lui-même à genoux !

Ses chères reliques, celles que j'ai eu le grand honneur et le grand bonheur de transporter un an plus tôt, sont là, à la droite de Jean-Paul II. Elles sont couvertes, à la volée, de pétales de roses.

Autour du Saint-Père il y a quinze célébrants, des cardinaux, des archevêques, des évêques, les généraux des Carmes déchaux et des grands Carmes, tous venus rendre un hommage à leur céleste petite sœur.

À ces pensées qui se bousculent dans ma tête, à la vision de cette gloire, je n'ai pas su (ni voulu) retenir quelques larmes, larmes discrètes, larmes secrètes, que seules Thérèse a dû voir (peut-être mes sœurs de Tréfontane aussi ?).

Je lui devais bien ces larmes et ce voyage à Rome aussi car je l'aime tant que son jour de gloire semblait le mien. Je pense que ce doit être cela la communion des saints : se réjouir de ce que Dieu réalise de grand dans la vie de notre prochain et partager toutes grâces qui lui sont offertes comme si elles étaient nôtres. Mais mon bonheur, plus encore, vient de la gloire de Dieu... Oui, car c'est l'amour et l'enfance en ce jour qui ont tout balayé en la faisant déclarer docteur de l'Église, elle, une enfant de vingt-quatre ans. « Mon Père, je te bénis de ce que tu as caché ces choses aux sages et aux prudents et que tu les as révélées aux plus petits [1]. »

Devant les pompes vaticanes, entourée des plus hauts dignitaires de l'Église, une foule immense à ses pieds, les caméras braquées sur elle, Thérèse reste une enfant. Son titre de docteur de l'Église ne lui montera certainement pas à la tête, ce n'est pas un titre universitaire ni

1. Mt 11, 25, cité par Thérèse (Ms A, 49 R°).

une consécration ultime qui lui permettrait enfin de souffler un peu après l'avoir obtenue. Non, elle continuera à soigner, comme elle l'a toujours fait, les âmes blessées, déchirées, abandonnées, celles qui seront les plus profondément enfouies dans la nuit du néant qu'elle connaît si bien pour l'avoir elle-même parcourue de long en large dans toute son aridité.

De tout temps, et plus encore aujourd'hui en la faisant docteur, Dieu a choisi cette enfant, cette jeune fille si douce, pour pénétrer dans ces lieux d'épouvante et lui sauver des âmes. Elle continuera jusqu'à la consommation des siècles, elle l'avait prophétiquement ressenti [1], à visiter ces régions de perdition, ces pays de ténèbres pour y récupérer tous les paumés de la vie, les déshérités du cœur, les bandits, les crapules, les riches, les pauvres, les prostitués, les alcooliques, les drogués, tous ceux dont l'âme est enfoncée dans les miasmes fétides du désespoir ou de l'orgueil, tous ceux sur lesquels la vie s'acharne. Sans relâche, elle les sortira, un par un, des profondeurs où ils croupissent. Un peu comme le font les sauveteurs pour les grands oiseaux blancs englués dans les marées noires de la désolation des hommes. Elle les lavera, avec patience et tendresse, de toutes les souillures de la vie et, pour les réchauffer, les exposera à la pleine lumière du Soleil de Dieu, à la chaleur du feu brûlant de son Amour et de sa Miséricorde.

Elle a du travail, Thérèse, et pour longtemps encore,

---

1. « Je sens que je vais entrer dans le repos... Mais je sens surtout que ma mission va commencer, ma mission de faire aimer le bon Dieu comme je l'aime, de donner ma petite voie aux âmes. Si le bon Dieu exauce mes désirs, mon Ciel se passera sur la terre jusqu'à la fin du monde. Oui, je veux passer mon Ciel à faire du bien sur la terre. » « Je ne peux pas me reposer tant qu'il y aura des âmes à sauver... Mais lorsque l'Ange aura dit : "Le temps n'est plus" alors je me reposerai... » (THÉRÈSE DE LISIEUX, « Derniers entretiens », *Œuvres complètes*, p. 1050).

ce n'est pas étonnant si déjà un nouveau titre lui convient parfaitement : « la sainte du IIIe millénaire ».

Ce 19 octobre 1997, sur la place Saint-Pierre à Rome, c'est ce docteur-là que le Bon Dieu nous donne, un docteur pour les âmes naufragées... Un docteur « pour tous les temps », un docteur « tous terrains ».

Dans l'avion qui me ramène à Marseille, le soir de ce jour inoubliable, je pense à tout le chemin parcouru avec elle depuis notre rencontre...

*RENCONTRE*

*Ma vie était un désert noir*
*Crois à mes mots car je te jure*
*Ils sont vrais mort était l'espoir*
*Lorsque ma vie était si dure*

*Du fond de moi cette blessure*
*Ouverte depuis tant de temps*
*Laissait s'écouler lente et sûre*
*La mort à chaque mouvement*

*Chaque matin s'appelait nuit*
*Et chaque aurore désespoir*
*Mes jours étaient peuplés d'ennuis*
*Et mes nuits de soleils trop noirs*

*Et puis tu es venue Thérèse dans ma nuit*
*Tu m'as parlé d'un jour nouveau*
*Tu m'as dit regarde Celui*
*Qui ouvrira tous tes tombeaux*

*Tout doucement tu m'as conduit*
*Sur des chemins inattendus*
*Comme un soleil après la pluie*
*Rend tout plus beau j'ai vu Jésus*

*Tu m'as dit :*

*Il est ton chemin et ta vie*
*Il est l'Amour inespéré*
*Il est Celui qui te redit*
*« André je t'ai toujours aimé »*

*Thérèse je ne suis plus seul*
*Tu as mis sur ma mort l'espoir*
*Cette terre n'est plus un linceul*
*J'ai cette joie folle de croire* [1]

*Depuis mes jours baignent de paix*
*Cette paix qui n'est pas de la terre*
*Qui perce mes brouillards épais*
*Cette paix qui fait que j'espère*

*Qu'après cette vie d'ici-bas*
*Quand se fermeront mes paupières*
*Que cesseront tous mes combats*
*J'irai avec toi vers le Père…*

Je ne suis donc pas fou de m'être lié d'une amitié si forte avec cette enfant d'un autre siècle ? Non, Je ne me suis pas trompé en la suivant. Ou alors il y aurait aujourd'hui avec moi quelque soixante mille fous, le pape en tête, sur la place Saint-Pierre, foule immense venue des quatre coins du monde… Sans compter bien sûr tous ceux, fous aussi, qui depuis cent ans ont croisé sa « voie d'enfance spirituelle » et en ont été définitivement bouleversés. Parmi eux il y a des hommes célèbres, des écrivains, philosophes, poètes, hommes politiques, artistes, scientifiques et la foule des anonymes dont je fais partie et du fond de laquelle je voudrais modestement mais vigoureusement témoigner.

Sommes-nous donc tous fous ?

Son influence est universelle et sa vraie mesure est

1. « Parce que vous croyez, vous serez remplis d'une joie inébranlable » (Première épître de Pierre).

bien difficile à prendre. J'apprends qu'il y a mille six cent cinq lieux de culte dans le monde, dont huit basiliques et dix cathédrales lui sont dédiées, soixante-dix séminaires ont choisi de mettre la formation des futurs prêtres sous son patronage. Elle inspire la vie de soixante instituts de vie consacrée dont treize en Afrique et treize en Asie.

Sommes-nous donc tous fous ?

Oui, je le suis, et tous ceux qui l'ont croisée le sont aussi, nous sommes tous fous de sa folie : « Les saints ont fait des folies, ils ont fait de grandes choses... Ma folie à moi c'est d'espérer [1]. »

*Oui, moi aussi, fou d'espérance je le suis devenu depuis ma rencontre avec toi, Thérèse. Tu as mis le feu à mon âme, petite sœur. Vois ce que dit de toi un autre fou, Paul Claudel* : « Du fond de sa cellule Thérèse de Lisieux a mis le feu au monde. »

« Attention ! Cette fille est dangereuse. » surenchérit Mgr Guy Gaucher, « elle est une flamme d'amour qui met le feu partout, le feu que Jésus est venu "allumer sur la terre" (Luc 12, 49). Feu de l'amour qui pardonne, régénère, transforme, illumine, donne la paix et la joie ».

Je suis au milieu de l'incendie pour pouvoir témoigner de l'ampleur de ce feu. Dix-huit ans après, cette flamme brûle toujours en moi, plus vive et plus brûlante que jamais. Elle ne s'éteindra plus, j'en suis sûr désormais.

*« Petite Thérèse, lorsque tu allumes des feux, le moins que l'on puisse dire, c'est que ce ne sont pas des feux de paille... »*

Merci, Seigneur, de nous avoir donné cette enfant, merveilleuse incendiaire, pour qu'elle nous ramène, enflammés, dans le brasier ardent de ton amour.

1. THÉRÈSE DE LISIEUX, Ms B, 5 V°.

# ÉPILOGUE

4 février 1999. J'ai quarante-neuf ans, c'est le jour de mon anniversaire. Je suis chez moi après une journée de travail.

Par une coïncidence que j'avoue avoir un peu forcée, j'écris cet épilogue aujourd'hui.

Quarante années précisément me séparent de l'enfant de la Belle-de-Mai.

Quarante ans plus tôt, à quelques heures près et quelques kilomètres plus loin il était dans la cour de son école, pendant la récréation, au pied de son arbre avec de bien tristes et sérieuses pensées pour un enfant de neuf ans [1]...

Aujourd'hui j'en ai donc quarante-neuf. Ma vie, certes bien entamée, n'est pas finie. Si Dieu le veut l'aventure continuera...

Dans mon milieu professionnel, j'ai des responsabilités commerciales au sein d'une entreprise, je suis un « homme pressé » comme il est de bon ton de l'être aujourd'hui dans les affaires et souvent « stressé » aussi comme l'impose la fonction. Une agitation permanente m'entoure et m'agresse tous les jours de ma vie. Pas une seconde de répit, seul et unique but, la rentabilité de l'entreprise. Je n'ai pas le choix, je joue donc le jeu avec sérieux et honnêteté...

---

1. En relisant Thérèse j'ai découvert ces jours-ci, avec émotion et étonnement, ce texte d'elle : « souvent pendant les récréations, je m'appuyais contre un arbre et là je contemplais le *coup d'œil*, me livrant à de sérieuses réflexions ! » (Ms A, *Œuvres complètes*, p. 128.)

Mais au plus profond de moi, dans mes entrailles les plus intimes, là même où se trouvaient la béance, la solitude et le désespoir il y a maintenant le silence et la paix. Je dirais *sa* présence et *sa* paix. Où que je me trouve, dans quelque situation que ce soit, je plonge en moi, dans ce monastère intérieur, pour Le retrouver et toujours Il m'attend, toujours Il m'écoute. Comme une mère pour son enfant, Il m'apaise et me console de mes blessures de la vie.

Il est devenu *« mon Chemin, ma Vérité et ma Vie »*.

Je mesure alors la chance que j'ai d'avoir cette foi qui me soulève et qui me porte. Elle est mon bonheur, mon honneur, la lumière de ma vie, mon espérance inespérée. Elle est mon viatique pour les années à venir. Elle est mon navire, insubmersible, sur tous les océans démontés de ce monde. Elle est le seul héritage valable que je voudrais léguer à mes enfants.

Pour moi, je ne demande plus rien à Dieu que de me conserver cette foi... Si ! Cependant... peut-être encore une chose, mais le voudra-t-il ? C'est un peu futile : ce serait de pouvoir remonter dans le temps, revenir en arrière et retrouver le petit André au pied de son arbre, dans la cour de son école, le 4 février 1959 et pouvoir lui dire à peu près ceci :

*André, mon petit, ne sois plus malheureux, espère sans relâche et ne fuis jamais tes rêves. N'écoute pas trop les grandes personnes surtout celles qui ne rêvent plus. Si un jour tu as mal, crie, hurle, pleure s'il le faut mais toujours reste du côté de la lumière et regarde le ciel.*

*Toi, mon garçon, tu as plus d'importance que toutes les galaxies de l'univers.*

*Un jour arrivera Celui que tu commences à chercher sans le savoir. Tu le reconnaîtras facilement. Il sera précédé d'une enfant, une jeune fille blonde, elle aura ton âge, l'âge de l'éternelle enfance. Elle te prendra la main et tu n'auras plus jamais peur. Il faudra que tu la suives jusqu'au bout de ta nuit, elle en connaît les moindres recoins. Avec elle tu n'auras plus rien à craindre, elle te guidera vers la Lumière.*

*Dieu t'a vu aujourd'hui, André, au pied de ton arbre, Il a vu ta tristesse. Il t'envoie cette enfant. Patiente, attends-la en regardant le ciel. À travers le prisme de tes larmes tu y verras son nom écrit dans les étoiles* [1].

Après l'avoir ainsi consolé et ne pouvant m'octroyer le droit de rester plus longtemps dans le passé ni de lui révéler davantage son futur, j'aimerais, en le quittant, emporter et garder de lui ce que je considère de plus beau, de plus grand et de plus précieux pour l'homme futur qu'il deviendra…

… son enfance.

1. À six ans Thérèse découvre l'initiale de son nom écrite dans la constellation du Baudrier d'Orion : « Il y avait surtout un groupe de perles d'or que je remarquais avec joie trouvant qu'il avait la forme d'un T. Je le faisais remarquer à Papa en lui disant que mon nom était écrit dans le Ciel… » (Ms C, *Œuvres complètes*, p. 97).

## Table des matières

Les livres de Sainte Thérèse de Lisieux :

*Histoire d'une âme. Manuscrits autobiographiques*, Paris, Éd. du Cerf, 1997, 336 p.
*J'entre dans la vie. Derniers entretiens*, Paris, Éd. du Cerf, 1997, 290 p.
*Une course de géant. Lettres*, Paris, Éd. du Cerf, édition intégrale, 1990, 492 p.

En édition de poche, dans la collection « Foi vivante » :

*Conseils et souvenirs*, recueillis par Sœur Geneviève, Paris, Éd. du Cerf, 1996, 216 p. (« Foi vivante » n° 149).
*Lettres à mes frères prêtres*, préf. de Mgr Gaucher, Paris, Éd. du Cerf, 1997, 228 p. (« Foi vivante » n° 389).

Les livres sur sainte Thérèse de Lisieux :

*Histoire d'une vie, Thérèse Martin*, de Mgr Guy Gaucher, Paris, Éd. du Cerf, nelle édition 2000, 260 p. (« Foi vivante » n° 310). C'est le livre grâce auquel André a rencontré Thérèse !
*Thérèse de Lisieux*, texte de Pierre Descouvemont, photographies de H. N. Loose, Paris, co-édition Cerf-Apprentis d'Auteuil-Office central de Lisieux-Novalis, 1991, 336 p.

*Dans la collection « Épiphanie »*

**Marguerite Acarie :** *Lettres spirituelles*
**Michel Albaric :** *Le Temps d'attendre*
**Rubem Alves :** *Je crois en la résurrection du corps*
**Jean-Émile Anizan :** *Quand la charité s'empare d'un homme*
**Daniel Bach :** *Un souffle de liberté. Méditations bibliques*
**Jean Bastaire :** *Le Chant des créatures. Les chrétiens et l'univers d'Irénée à Claudel*
**Philippe Baud :** *Nicolas de Flue (1417-1487). Un silence qui fonde la Suisse*
**Pierre de Bérulle :** *Les Grandeurs de Jésus*
**Marie Baudouin-Croix :** *Léonie Martin, une vie difficile*
**Dom Godefroy Bélorgey :** *Sous le regard de Dieu*
**Madelaine Berthon :** *De Solesmes à Auschwitz : Marguerite Aron*
**Enzo Bianchi :** *Comme un étranger. Dans le compagnonnage avec les hommes*
**Michel-Robert Bous :** *Apprendre à aimer*
**Louis Bouyer :** *Figures mystiques féminines*
**Édouard Brion :** *Un étrange bonheur*
**Bernard Bro :** *La Meule et la Cithare*
**Bernard Bro :** *Le Secret de la confession*
**Bernard Bro :** *Les Portiers de l'aube*
**Bernard Bro :** *La Stupeur d'être*
**Bernard Bro :** *Jean-Marie Vianney, Curé d'Ars*
**Bernard Bro :** *Marie, espoir de Dieu*
**Bernard Bro :** *La foi n'est pas ce que vous pensez*
**Bernard de Jésus Marie :** *Le Sang du Carmel*
**William Bush :** *La relation du martyre des seize carmélites de Compiègne*
**Carlo Carretto :** *Et Dieu vit que cela était bon*
**Michel Carrouges :** *Le Père Jacques. Au revoir les enfants*
**Catherine de Bar :** *Adorer et adhérer*

**Albert Chambon :** *Oui, je crois*
**Joan D. Chittister :** *Une sagesse au fil des jours*
**Edmond Chrétien :** *Pierre-François Jamet, 1762-1845*
**Daniel Coffigny :** *Nicolas Cabasilas. La vie en Christ*
**Collectif FIACAT :** *Torturés, tortionnaires, espérance chrétienne*
**Jean Comby *et al.* :** *L'Itinéraire mystique d'une femme. Rencontre avec Marie de l'Incarnation ursuline*
**Yves Congar :** *Appelés à la vie*
**Gabrielle Cosson :** *Guérir avec les saints*
**Hyacinthe-Marie Cormier :** *Être à Dieu*
**Daniel-Ange :** *Écoute les témoins, tome I. Au cœur de Dieu accorde ton cœur*
**Daniel-Ange :** *Écoute les témoins, tome II. Pour aimer, lutte et pardonne*
**Conrad De Meester :** *Les Mains vides*
**Conrad De Meester :** *Les Plus Belles Pages d'Élisabeth de la Trinité*
**Conrad De Meester :** *Frère Laurent de la Résurrection*
**Bernard Descouleurs, Christiane Gaud :** *Marguerite-Marie Alacoque. La Mystique du cœur.*
**Pierre Descouvemont :** *Sur la terre comme au ciel, une novice de sainte Thérèse*
**Pierre Descouvemont :** *Marie au cœur de nos vies*
**André Dodin :** *Initiation à Saint Vincent de Paul*
**Paul-Dominique Dognin :** *Comme un sauvetage*
**Suzanne Eck :** *Initiation à Jean Tauler*
**Suzanne Eck :** *« Jetez-vous en Dieu ». Initiation à Maître Eckhart.*
**Efrén de la Madre de Dios :** *Mère Catherine du Christ, la compagne de Thérèse d'Avila*
**Sœur Agnès Égron :** *La Prière de feu*
**Henri Enjalbert :** *Dieu en confidence*
**Patrick-Marie Févotte :** *Aimer la Bible avec Élisabeth de la Trinité*
**Patrick-Marie Févotte :** *Virginité, chemin d'amour. À l'école d'Élisabeth de la Trinité*

**Philippe Ferlay :** *Le Visage de Gloire*
**Charles de Foucauld :** *« Cette chère dernière place. Lettres à mes frères de la Trappe*
**Dom Jean Gaillard :** *La Liturgie pascale*
**Maximilio Herraiz Garcia :** *L'Oraison, une histoire d'amitié*
**Guy Gaucher :** *Bernanos ou l'invincible espérance*
**Guy Gaucher :** *La Passion de Thérèse de Lisieux*
**Guy Gaucher :** *Flammes d'amour : Thérèse et Jean*
**Jacques Gauthier :** *Que cherchez-vous au soir tombant ?*
**Rina Geftman :** *L'Offrande du soir*
**Claude Geffré :** *Passion de l'homme, passion de Dieu*
**Dom André Gozier :** *Dieu-Source*
**Aliette Gruget :** *Alexis. Mort et vie d'un enfant*
**Bernard Guitteny :** *Grignion de Montfort missionnaire des pauvres (1673-1716)*
**Lorene Hanley Duquin :** *Catherine de Hueck Doherty. « Aventurière ou sainte ? »*
**Magda Hollander-Lafon :** *Souffle sur la braise*
**Geneviève Honoré-Lainé :** *La Femme et le Mystère de l'Alliance*
**Marguerite-Ph. Hoppenot :** *Le Temps du feu*
**Marguerite-Ph. Hoppenot :** *Pleins pouvoirs à l'Esprit Saint*
**Alain Houziaux :** *Paraboles au quotidien*
**Alain Houziaux :** *Mon silence te parlera*
**Jean-Baptiste de la Conception :** *Pensées mystiques*
**Jean-Paul II :** *Rosaire et chemin de croix*
**Bruno de Jésus Marie :** *Le Sang du Carmel*
**Père M. Jean-Joseph Lataste :** *Prêcheur de la miséricorde*
**Jean-Claude Lavigne :** *Le Prochain lointain*
**Claire-Marie Ledoux :** *Initiation à Claire d'Assise*
**Gilbert Le Mouël :** *Quand Dieu frappe à ma porte*
**Frère Léonard, de Taizé :** *Des yeux pour voir*
**Jacques Lœw et Paul Xardel :** *La flamme qui dévore le berger*

**Sœur Marie de la Trinité :** *Une novice de sainte Thérèse*
**Sœur Marie-Pascale :** *Initiation à sainte Gertrude d'Helfta*
**Pierre Marthelot :** *Victoire sur la mort*
**Carlo Maria Martini :** *Témoins de la parole*
**Carlo Maria Martini :** *Prêtres, quelques années après... Méditations sur le ministère presbytéral*
**Pierre Martin-Valat :** *Des pierres jaillissaient les fontaines*
**Antoine Mayère :** *Père Chanel, je vous écris*
**Alexandre Men :** *Manuel pratique de prière*
**Gerit Messie :** *Les Diaconesses de Reuilly*
**Marie-Dominique Molinié :** *Le Combat de Jacob*
**Marie-Dominique Molinié :** *Le Courage d'avoir peur*
**Marcel Neusch :** *Initiation à saint Augustin, maître spirituel*
**Jean-Jacques Olier :** *Vivre pour Dieu en Jésus-Christ*
**Eulogio Pacho :** *Initiation à S. Jean de la Croix*
**Simone Pacot :** *L'Évangélisation des profondeurs*
**Johannes Pausch :** *Cherche l'unité intérieure*
**Jacques Perrier :** *Aimer la messe*
**Jacques Perrier :** *L'Abbé Stock (1904-1948)*
**André Philbée :** *Saint Bernard de Fontaine, abbé de Clairvaux*
**André Pighiera :** *Un phare dans la nuit. Sauvetage avec Thérèse de Lisieux*
**Bernard Pitaud :** *Histoire d'une direction spirituelle au* XVIIe *siècle. Gaston de Renty - Élisabeth de la Trinité, 1643-1649*
**Dominique Poirot :** *Jean de la Croix, connaissance de l'homme et mystère de Dieu*
**Dominique Poirot :** *Jean de la Croix poète de Dieu.*
**Alain Quilici :** *Nous osons dire Notre Père*
**Jean-Gabriel Ranquet :** *L'Un et l'Autre Exode*
**Noël Rath :** *Sainte Marie Mère de Dieu*
**Emmanuel Renault :** *Épreuves de la foi*
**Jean Rémy :** *Regards d'amour. Élisabeth de la Trinité et Jean de la Croix*
**Bernard Rey :** *Trois chemins vers Pâques*

**Bernard Rey :** *Jésus, l'aujourd'hui de Dieu*
**Bernard Rey :** *La Discrétion de Dieu*
**Didier Rimaud :** *À force de Colombe. Chants et poèmes*
**Bertrand Rollin :** *L'Appel évangélique à la pauvreté volontaire*
**Mgr Oscar Romero :** *L'Amour vainqueur*
**Frère Rémi Schappacher :** *Veux-tu guérir ?*
**Gustav Scherg et Peter Beck :** *Le Bienheureux Niels Steensen*
**Robert Scholtus :** *La Traversée des apparences*
**Florine-Frédérique Sigel :** *Visages de Jésus*
**Thomas Spidlik :** *Le Chemin de l'Esprit. Retraite au Vatican*
**Mgr Stéphanos :** *Une saison en orthodoxie*
**Guido Stinissen :** *Découvre-moi ta Présence. Rencontre avec S. Jean de la Croix*
**Guido Stinissen :** *Le Christ votre vie*
**Mère Teresa :** *Dans le silence du cœur*
**Teresa de los Andes :** *Correspondance*
**Omer Thanghe :** *Comme je vous ai aimés...*
**Jacques Thierry :** *Dieu dans la nuit*
**Jean-François Thomas :** *Initiation à Teilhard de Chardin, maître spirituel*
**Guy Thomazeau :** *Bonne nouvelle du mariage*
**Guy Thomazeau :** *Suivre Jésus à pas d'homme*
**Marie-Claire Tihon :** *Saint Pierre Fourier*
**Pierre Van Breemen :** *Trouver Dieu en toutes choses*
**Jean Vinatier :** *Mère Agnès de Jésus*
**Suzanne Vrai :** *« Laisse-toi aimer ». Itinéraire spirituel avec Élisabeth de la Trinité*
**Marianne Viviez :** *Tes lacets sont défaits*
**Esther de Waal :** *La Voie du chrétien dans le monde*
**William G. Wheeler :** *Dans la vérité et la charité*
**Jean Werquin :** *Thérèse Cornille*
**Joseph Wrésinski :** *Les Pauvres, rencontre du vrai Dieu*

Composition : Facompo, 14100 Lisieux

N° d'édition : 11376

Achevé d'imprimer en novembre 2000
sur les presses de Normandie Roto Impression s.a.
à Lonrai (Orne)
Dépôt légal : novembre 2000
N° d'imprimeur : 002499

*Imprimé en France*